어린이교육의 기본 바로 알기 시리즈 ⑧

# 국가수준 교육과정 바로 알기

이화여자대학교 사범대학 부속이화유치원 편

대한어린이교육협회

창지사

국가수준
교육과정
바로 알기

# 머리말

교사는 학급수준에서 교육과정을 운영하는 사람이다. 교육과정을 운영하는 교사는 왜 가르치는지, 무엇을 가르치는지, 누구를 가르치는지, 어떻게 가르치는지, 제대로 가르쳤는지에 대한 지식이 있어야 하고 이는 서로 유기적으로 연계되어 있어야 한다. 다른 급의 학교교사와 비교해 보았을 때 유아를 가르치는 교사는 매우 헌신적이고 학습자에 대해 민감하다. 또한, 놀이와 생활주제를 중심으로 교육과정을 통합적으로 잘 운영한다. 반면에 왜 가르치는지, 무엇을 가르치는지, 제대로 가르쳤는지의 부분에 대해서는 매우 취약하다. 교사는 교육과정을 해석하고 교육의 목표, 내용, 방법, 평가를 유기적으로 연계하여 운영하는 교육과정 문해력(curriculum literacy)이 높아야 한다. 놀이와 통합, 생활주제를 중심으로 하는 유아교육의 교수·학습 원리는 교사에게 많은 자율성을 주었지만 다른 한편으로는 교육과정 운영의 책무성을 분명하게 보여주지 못하고, 학습자의 발달과 성장, 학습의 결과를 일목요연하게 보여 주지 못하는 어려움을 가지고 있다.

이 책은 유아교사의 교육과정 문해력을 높이기 위한 수많은 고민으로부터 출발하였다. 유아교사는 왜 국가수준 교육과정을 '그들만의 리그'라고 생각하고 교육과정을 계획할 때는 거의 반영하지 않는가? 아동중심의 교육과정이 매우 중요한 교수원리로서 유아를 진정한 학습과 발달의 주체로 인정하고 교육과정 운영의 파트너로 인정하는가? 그 증거는 무엇인가? 교사는 생활주제(방법)가 아닌 국가수준의 교육과정(내용)을 가르쳐야 함에도 불구하고 왜 교육과정을 계획할 때는 생활주제부터 출발하는가? 생활주제가 내용이 아니라면, 내용에 해당하는 국가수준의 교육과정과는 어떻게 연계되어야 하는가? 유아의 흥미를 교육과정에 반영하기 위해서는 어떤 과정이 필요한가? 유아의 흥미를 따라가는 발현적인 교육과정의 운영이 계획안에는 어떤 모습으로 담겨야 하는가? 유아의 흥미와 교사의 계획된 교육과정은 어떻게 조화를 이룰 수 있는가? 학습의 결과는 어떻게 기록되어야 하며 다음 교육과정에는 어떤 방식으로 반영되어야 하는가? 등등….

이 책의 저자들은 이것보다 훨씬 더 많은 질문을 하고 때로는 혼자서, 때로는 함께, 때로는 외부의 지원을 받으며 답을 찾아갔다. 지금까지 너무나도 당연하게 여겨왔던 교육과정 운영에 대해 끊임없이 의심하면서 많은 시행착오를 겪는 과정이 절대로 쉽지 않았음을 고백한다. 그러나 이 모든 과정을 통해 교사들은 교육의 방법이 아닌 목표와 내용으로부터 출발하는 교육과정을 운영하게 되었고, 교육과정 문해력이 높아졌으며, 유아의 놀이는 더 풍부해졌고, 부모와 사회에는 국가수준 교육과정 운영의 결과를 조직하여 보여줄 수 있는 책무성을 다하게 되었다.

교사가 학급에서 교육과정을 운영할 때 자신의 전문성만큼의 자율성을 가지고 운영할 수 있다. 이 책이 정답이나 완성본은 아니지만 좋은 교사, 유능한 교사가 되려는 사람들의 길잡이가 되어줄 수 있기를, 그리고 한 유치원이 아니라 모든 유치원에서 같은 고민을 함께 나눌 수 있기를 기대한다.

2017년 8월

저자 일동

국가수준
교육과정
바로 알기

# 차 례

국가수준
교육과정
바로 알기

# Ⅰ. 국가수준 교육과정 바로 이해하기

"교육과정이 무엇인가?"라는 질문에 학자에 따라 다양한 답을 낼 수 있으나 가장 기본적인 정의는 '가르치고 배우는 것에 대해 답을 하는 학문'이라고 할 수 있다. 홍후조(2016)는 공식적 교육과정의 범위를 ① 존립수준, ② 구성 영역, ③ 변화단계로 구분하였다. 이를 차례대로 살펴보면 다음과 같다.

## 1. 존립수준에 따른 교육과정

존립수준은 어떤 주체가 어떤 의사결정을 통해 어떤 수준이나 장소에서 실천되기를 기대하는가에 따라 교육과정을 구분하는 것이다. 교육과정의 존립수준은 세계, 국가, 지역, 기관, 단위 학급의 차원으로 구분할 수 있고 이를 표로 제시하면 다음과 같다.

〈다양한 수준의 교육과정과 그 사례〉

| 수준 | 사례 | 유치원/어린이집 수준 |
|---|---|---|
| 세계, 지역<br>(supra) | UN, UNESCO, IBO, EU 등에서 제시한 교육과정 | - |
| 국가, 지역<br>(macro) | 일국의 교육과정 문서, 교육목적과 목표, 국가평가시험 등 | 「3~5세 연령별 누리과정」, 「표준보육과정」, 시도별 누리과정운영지침 |
| 학교, 기관<br>(meso) | 학교 교육과정 운영계획서, 교육계획서 등 | 유치원 운영계획서, 연간교육계획안 |

| 수준 | 사례 | 유치원/어린이집 수준 |
|---|---|---|
| 교실, 교사<br>(micro) | 수업계획, 수업자료, 교과서나 참고서 등 | 주간교육계획, 일일교육계획, 활동계획 |
| 학생, 개인<br>(nano) | 개인의 학업계획, 개별 강좌의 학습계획 등 | 자유선택활동, IEP(Individualized Education Plan) 등 |

출처: 홍후조(2016). p. 49의 내용을 기반으로 유치원수준에서 정리

#### ① 세계 · 지역 수준의 교육과정

세계수준의 교육과정은 인증의 개념에 근거하여 이루어지는데 대학수준에서는 공학, 경영학(국제경영대학 발전협의회, AACSB: The Association to Advance Collegiate School of Business International) 등의 분야에서 이루어지고 있고, 초중등수준에서는 IB(International Baccalaureate, http://www.ibo.org/)를 예로 들 수 있다. 최근에는 오프라인뿐만 아니라 OCW(Open Course Ware)나 MOOC(Massive Online Open Course)와 같이 가상공간을 통해 세계적인 대학의 강좌들이 전 세계적으로 공유되고 있다.

#### ② 국가 · 지역 수준의 교육과정

국가수준의 교육과정은 한 나라가 자국민의 기초교육을 위하여 국가 차원에서 제정하는 교육과정을 의미한다. 우리나라의 경우, 3~5세 어린이들을 교육하기 위한 「3~5세 연령별 누리과정」과 0~2세 어린이들을 위한 「표준보육과정」을 들 수 있다. 우리나라는 교육과정이 법률로 고시되는 법정문서이고, 정부는 0~5세의 어린이들을 교육하기 위해 부모, 교사, 기관에 공적인 재정을 투입하고 있다. 이는 영유아를 위한 교육이 완전 무상은 아니라 할지라도 국가의 재정 지원을 받는 기관과 교사는 법적으로 규정된 교육과정을 이해하고 운영할 책무가 있다는 것을 의미한다. 지역수준의 교육과정은 일정한 지역에서 지역의 특성을 반영하여 결정하는 교육과정으로 유치원은 시도교육청 지침을 의미한다.

③ 학교 · 기관 수준의 교육과정

기관장은 자신의 교육철학, 교훈, 목표에 따라 중점사업을 결정하고 그 기관이 가지고 있는 전통이나 학습자의 특성에 따라 각 기관만의 고유한 교육과정을 운영한다. 단위 학교의 교육과정은 해당 연도 교직원의 구성 및 역량, 학부모의 기대나 특성, 지역사회의 요구, 연구학교 지정이나 교육청 사업의 참여, 장학 등의 요인으로 인해 일부 변화가 있을 수 있다.

④ 교실 · 교사 수준의 교육과정

기관 차원의 교육과정이 존재하지만, 결국 최종적으로 교육과정이 실현되는 곳은 단위 학급이고, 그 학급을 운영하는 사람은 교사이다. 교사의 교육과정 운영에 가장 영향을 많이 미치는 것은 어린이들이며, 그들의 연령, 흥미, 경험, 능력에 따라 학급수준의 교육과정에는 차이가 생긴다.

## 2. 구성 영역에 따른 교육과정

교육과정을 구성 영역별로 구분해 보면 다음과 같은 도식이 가능하다.

| 교수자 → | | | | | ← 학습자 |
|---|---|---|---|---|---|
| | 왜 그것을 가르치는가? | → | 교육목표 | ← | 왜 그것을 배우는가? |
| | 무엇을 가르치는가? | → | 교육내용 | ← | 무엇을 배우는가? |
| | 어떻게 가르치는가? | → | 교수학습 | ← | 어떻게 배우는가? |
| | 제대로 가르치는가? | → | 교육평가 | ← | 제대로 배우는가? |

위의 도식을 보면 교육과정은 교수자와 학습자가 왜, 무엇을, 어떻게 가르치고 배우는지, 그리고 그 과정에서 얻어진 결과를 어떻게 평가할 것인지가 핵심이다.

### 1) 교육목표

이상적인 인간상, 사회와 국가의 가치 등이 표명되는 곳으로 국가수준 교육과정에서는 인간상과 학교 급별 교육목표로 제시된다. 인간상은 초·중·고등학교가 모두 동일하다. 누리과정이 실시되기 이전에는 국가수준의 유치원 교육과정에 초중등과 동일한 인간상 및 유치원의 교육목표가 제시되었으나 누리과정이 실시되면서 생략되었다. 현재 초중등 교육과정에 제시된 인간상은 다음과 같다.

#### 1. 추구하는 인간상

우리나라의 교육은 홍익인간의 이념 아래 모든 국민으로 하여금 인격을 도야하고, 자주적 생활 능력과 민주 시민으로서 필요한 자질을 갖추게 함으로써 인간다운 삶을 영위하게 하고, 민주 국가의 발전과 인류 공영의 이상을 실현하는 데에 이바지하게 함을 목적으로 하고 있다.

이러한 교육이념과 교육목적을 바탕으로, 이 교육과정이 추구하는 인간상은 다음과 같다.

가. 전인적 성장을 바탕으로 자아정체성을 확립하고 자신의 진로와 삶을 개척하는 자주적인 사람
나. 기초 능력의 바탕 위에 다양한 발상과 도전으로 새로운 것을 창출하는 창의적인 사람
다. 문화적 소양과 다원적 가치에 대한 이해를 바탕으로 인류 문화를 향유하고 발전시키는 교양 있는 사람
라. 공동체 의식을 가지고 세계와 소통하는 민주 시민으로서 배려와 나눔을 실천하는 더불어 사는 사람

이 교육과정이 추구하는 인간상을 구현하기 위해 교과 교육을 포함한 학교 교육 전 과정을 통해 중점적으로 기르고자 하는 핵심역량은 다음과 같다.

가. 자아정체성과 자신감을 가지고 자신의 삶과 진로에 필요한 기초 능력과 자질을 갖추어 자기주도적으로 살아갈 수 있는 자기관리 역량
나. 문제를 합리적으로 해결하기 위하여 다양한 영역의 지식과 정보를 처리하고 활용할 수 있는 지식정보처리 역량

다. 폭넓은 기초 지식을 바탕으로 다양한 전문 분야의 지식, 기술, 경험을 융합적으로 활용하여 새로운 것을 창출하는 창의적 사고 역량
라. 인간에 대한 공감적 이해와 문화적 감수성을 바탕으로 삶의 의미와 가치를 발견하고 향유하는 심미적 감성 역량
마. 다양한 상황에서 자신의 생각과 감정을 효과적으로 표현하고 다른 사람의 의견을 경청하며 존중하는 의사소통 역량
바. 지역 · 국가 · 세계 공동체의 구성원에게 요구되는 가치와 태도를 가지고 공동체 발전에 적극적으로 참여하는 공동체 역량

### 2) 교육내용

교육과정에서 교육의 내용은 무엇을 가르치고 배울 것인가의 문제이다. 「3~5세 연령별 누리과정」에서는 5개의 영역, 내용범주, 내용, 세부내용이 이에 해당한다. 교육과정의 구성 요소로 보면 교사들이 가장 관심을 기울여야 하는 부분임에도 불구하고 대부분의 교사들이 중시하지 않고 있는 요소이기도 하다. 이는 국가수준의 교육과정과 이를 구현해야 하는 교사용 지침서의 연계가 매우 낮기 때문이다. 현재 교사가 학급에서 수업을 하는 흐름을 요약하면 다음의 그림과 같다.

국가수준의 교육과정에서 제시하는 영역, 내용범주, 내용, 세부내용을 알고 있다고 하더라도 교육계획을 수립할 때는 생활주제를 중심으로 작성한다. 교사는 생활주제를 선택하고, 그에 맞는 활동을 선택한 후 그 활동이 국가수준의 교육과정의 어떤 영역, 내용범주, 내용에 관련되는지 사후적으로 기록하거나 형식적으로 관련 요소를 기록한다. 교사를 대상으로 국가가 제공하는 지침서 역시 교육과정의 영역을 중심으로 교수학습의 원리를 제공하기보다 생활주제를 중심으로 활동을 제시하고 있어 교사들은 모든 교육활동을 생활주제를 선정하는 것부터 시작한다. 이처럼 실제 학급에서 교사들이 국가수준의 교육과정이 아닌 생활주제를 근간으로 교육과정을 운영하다 보니 국가수준의 교육과정은 교육과정을 개발한 연구자들의 '그들만의 리그'로 남거나, 교육의 목표, 내용, 방법 간의 연계성이 결여되거나, 교육의 목표를 달성했는지의 여부를 평가하는 것이 매우 어려운 형편이다. 이에 본 책에서는 국가수준의 목표와 내용으로부터 교수학습방법과 평가에 이르기까지 연계하는 구체적인 방안을 제시하고자 한다.

### 3) 교수·학습의 원리

유아교육에서 교수·학습의 원리를 이야기할 때 가장 많이 논의되는 것이 아동중심, 놀이중심, 주제중심이다. 이 원리들이 교육과정을 운영하는 단계에서 어떻게 적용되어야 하는지를 구체적으로 살펴보면 다음과 같다.

#### ① 유아의 소리 듣기

유아교육의 가장 중심이 되는 교수·학습의 원리는 아동중심 교육과정이다. 일반적으로 아동중심의 교육과정은 유아의 흥미에 따라 수업이 진행되는 것을 의미하며, 교사의 의도가 전혀 반영되지 않을 때를 가장 이상적인 것으로 생각하는 경향이 있다. 그러나 Miller와 Almon(2009)에 따르면 교사의 교육적인 의도가 전혀 반영되지 않은 교육과정은 방향을 가지지 않기 때문에 일종의 자유방임과 같은 상태라고 지적한다. 그에 따르면 교사와 유아의 주도성은 한쪽이 높아지면 다른 쪽은 낮아지는 제로섬 게임이 아니라, 교사는 교육과정 운영에 대해 높은 수준의 주도권을 갖고 있어야 하고, 학습자는 자신의 흥미와 역량이 충분히 반영되는 형태여야 한다. 이를 Sydney와 Sherry(2013)의 용어로 바꾸어 보면 의도적인 교수(intentional teaching)가 된다.

의도적인 교수가 제대로 이루어지기 위해서는 교사는 국가수준의 교육과정 내용에 대한 충분한 이해가 있어야 하고, 유아의 소리를 들을 수 있는 능력이 있어야 한다. 교사가 유아의 소리를 잘 듣기 위해서는 유아의 현재 발달이나 학습의 정도를 관찰하고 교육과정에 비추어 평가하는 능력이 가장 필요하다. 또한, 국가수준 교육과정의 범위 안에서 언제라도 교육계획안을 수정하여 운영할 수 있는 능력이 요구된다.

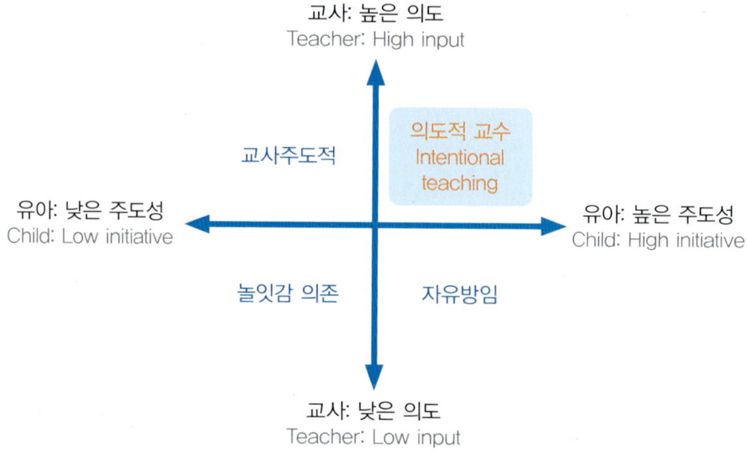


출처: Miller & Almon(2009)

### ② 놀이를 기반으로 교육하기

유아교육에서 아동중심교육과 함께 가장 중요한 교수법으로 언급되는 것이 놀이를 기반으로 하는 교육과정이다. 유아교육기관에서 진정한 의미의 놀이에 대해서는 학자들 간에 이견이 있기도 하지만, 국가수준의 교육과정에서 제시하고 있는 것은 교육적인 의도를 가지고 놀이에 기반한 교수 · 학습 활동이 이루어지도록 하는 것이다. 놀이기반의 교수 · 학습은 흥미영역을 통해서 이루어진다고 가정하지만 실제로 생활주제가 정해진 후 유아의 관심과 흥미에 따라 흥미영역이 바뀌는 경우는 매우 드물다. 유아가 자신의 흥미를 중심으로 활동을 선택하고 이것이 지속적으로 학습으로 연계되기 위해서는 자유선택활동 시간의 공간이나 시간이 유아의 흥미에 따라 융통성 있게 변화할 수 있다는 것이 전제되어야 한다.

#### ③ 생활주제를 중심으로 통합하기

유아교육에서는 초중등과 달리 교과서가 존재하지 않고 유아의 흥미나 발달에 맞는 교육과정 운영을 위해 주제를 중심으로 여러 활동이 통합적으로 이루어지도록 한다. 그런데 생활주제를 중심으로 통합하는 교육이 오랫동안 지속되면서 생활주제와 소주제가 교육의 방법이 아닌 교육의 내용을 대체하는 방식으로 교육이 이루어지는 폐단이 생겼다. 교사는 생활주제와 소주제를 결정하고 그에 맞추어 흥미영역을 구성하거나 대 · 소집단활동을 계획한 후 제일 마지막에 교육과정을 세부내용이 아닌 내용수준에서 관련 요소로 기록한다. 즉, 교육과정 실행에서 제일 마지막에 이루어져야 하는 과정이 제일 먼저 이루어지고 제일 먼저 결정되어야 하는 내용이 제일 마지막에 이루어지게 된 것이다. 이렇게 교육과정 실행의 과정이 뒤바뀌게 되면 교사가 교육과정을 실행하기는 하지만 교육의 목표가 분명하지 않기 때문에 교육계획, 교육실행, 교육평가가 모두 연계되지 않는 결과를 가져오게 된다. 교사가 교육과정을 계획, 실행, 평가할 때는 목표, 내용, 방법, 평가가 모두 순차적으로 연계될 수 있도록 해야 한다.

#### ④ 각 교육과정 영역의 특성에 맞는 교수전략을 사용한다.

국가수준의 교육과정은 5개의 영역으로 구성되어 있는데 자유선택활동이나 대 · 소집단활동 이외에 각 영역별로 목표를 달성하기에 더 적합한 교수전략이 있을 수 있다. 의사소통 영역의 경우에는 문학적 접근법이 그 예가 될 수 있고 과학적 탐구의 경우에는 탐구의 학습주기가 그 예가 될 수 있다.

### 3) 평가

「3~5세 연령별 누리과정」 고시문의 평가 영역은 운영과 유아 평가로 구분된다. 전자는 교수자의 교육과정 실행 결과를 평가하는 것이고 후자는 유아의 학습 결과를 평가하는 것이다. 운영 평가의 핵심은 운영 내용이 누리과정의 목표와 내용에 근거하여 편성・운영되었는지, 교육과정의 편성과 운영이 누리과정의 목표와 내용에 근거하였는지, 운영 내용 및 활동이 유아의 발달수준과 흥미・요구에 적합한지, 그리고 공간, 시간, 자료 등의 교육환경이 유아의 발달과 학습을 지원하고 있는지 등이다. 이러한 운영 평가는 일일, 주간, 학기, 연간 단위로 이루어져야 하며, 그 결과가 다음 날, 다음 주, 다음 학기 혹은 다음 해의 편성・운영에 반드시 반영되어야 한다.

유아에 대한 평가는 누리과정 목표와 내용에 근거하여 유아의 특성과 변화 정도를 평가하되, 학습의 결과뿐만 아니라 일상생활 등을 포함한 학습의 과정도 함께 평가되어야 한다. 유아의 학습 결과가 평가된다는 것이 표준화된 도구를 활용한다는 것은 아니며, 관찰, 활동 결과물 분석, 부모면담 등 다양한 방법을 사용하여 종합적으로 평가하되 그 방법은 체계적이고 종합적일 필요가 있다. 많은 기관에서 포트폴리오를 이용해 종합적인 평가를 하지만 그 내용을 보면 교육과정과 연계되기보다는 가장 대표적인 활동을 중심으로 하는 것이 일반적이다. 다시 한번 강조하지만 포트폴리오 역시 교육과정 계획, 실행, 평가의 주기 안에서 통합적으로 이루어져야 한다. 운영 평가와 마찬가지로 유아 평가 결과는 교육목표의 달성 여부 확인, 교수・학습의 질 개선, 부모 면담의 기초 자료로 활용할 수 있다.

## 3. 변화단계에 따른 교육과정

교육과정은 계획, 실행, 학습, 평가의 단계에 따라 다음의 4가지 변화를 가진 범주로 구분할 수 있다(한국교육개발원, 2016; 홍후조, 2016).

### 1) 의도된 교육과정(intended curriculum) 또는 문서화된 교육과정

학습자가 배울 내용과 목적, 목표를 담은 공식적인 문서를 의미하며 국가수준의 교육과정 문서부터, 연간교육계획안, 주간교육계획안, 일일교육계획안 등이 이에 속한다. 교육과정 구성 요소 간의 연계성 정도가 매우 중요하고 교사는 국가수준의 교육과정을 염두에 두고 교육의 의도, 목표, 예상 결과에 대해 반드시 미리 생각해 보는 것이 필요하다. 생활주제가 곧 교육내용이 아니기 때문에 국가수준 교육과정의 교육내용을 숙지하고 이를 기반으로 생활주제를 계획하는 연습이 필요하다.

### 2) 실행된 교육과정(implemented curriculum) 또는 가르쳐진 교육과정

교육의 실행은 교사가 문서화된 교육과정을 실제로 운영하는 것을 의미한다. 교사가 교육과정을 실행할 때는 유아가 현재 무엇을 하고 있는지, 발달이나 이해의 수준은 어떠한지를 지속적으로 평가하며 유아의 학습과 발달을 어떻게 도와줄 수 있는지를 끊임없이 생각하여야 한다. 교사가 교육과정을 실행하는 동안에는 수없이 많은 의사결정의 순간이 있다. 특히 유아의 흥미로부터 교육과정을 연결할 수 있도록 가르칠 수 있는 순간(teachable moment)을 포착하는 것은 교사의 수업 실행에 결정적인 순간이다. Shulman(1986)은 이러한 순간을 잡아내고 실행하는 교사의 능력을 교과교육학적 지식(PCK: Pedagogical Content Knowledge)이라고 하였다. 이 지식은 교육과정에 대한 이해, 학습자에 대한 이해, 교육환경이나 자료에 대한 이해, 교수법에 대한 이해가 종합된 지식을 말한다.

### 3) 획득된 교육과정(attained curriculum) 또는 학습된 교육과정

교사는 자신이 계획하여 가르친 것을 학습자가 모두 학습했을 것으로 당연히 기대한다. 그러나 교수자가 가르친 것과 학습자가 배운 것이 언제나 그대로 일치하는 것은 아니다. 교수자가 지속적으로 학습자의 학습 내용과 수준에 관심을 가질 때 비계설정을 해 줄 수 있다. 유아교육은 유아가 변화와 학습의 능동적인 당사자(agent)라는 것을 강조한다. 유아의 관심과 흥미는 계속해서 바뀌며 유아교육은 이를 교육과정에 적극적으로 반영하는 것을 교수학습 원리의 우선 순위에 둔다. 교사는 자신이 가르친 내용을 당연히 유아가 배웠을 것이라고 가정하지 말고 그들이 한 말이나 결과물, 행동, 표정을 포함하여 교육과정의 실행 과정에서 일어나는 모든 일에 관심을 기울이며 교육과정이 발현될 수 있도록 해야 한다.

#### 4) 평가된 교육과정(evaluated curriculum)

교육과정이 계획되고 실행된 후에는 반드시 평가가 이루어져야 한다. 교육과정 평가는 교수자 입장에서 교육과정의 편성과 실행, 교수학습방법 등을 평가하는 운영 평가와 학습자 입장에서 유의미한 학습이 일어났는가를 평가하는 결과 평가가 함께 이루어져야 한다. 유아교육에서는 그동안 교육의 목표와 내용을 중심으로 하는 평가가 익숙하지 않기 때문에 유아 평가에 대해서는 지나친 부담감이나 거부감을 가지고 있다. 그러나 교사는 국가수준의 교육과정인 누리과정을 근거로 유아가 학습했다는 것을 확인하고 그 다음 단계의 교육을 계획하는 것이 중요하다.

교사는 교육과정의 요소를 유기적으로 연계하고, 개별 유아의 학습과 발달 정도를 정확히 파악한 후에 그에 근거하여 다음의 일일, 주간, 학기, 연간, 연령 간 교육을 계획, 실행, 평가할수 있어야 한다. 교육과정 문해력(curriculum literacy)은 바로 이러한 교사의 능력을 의미하며 교사의 역량 가운데 가장 중요한 것이다.

#### 5) 우리나라 생애학습에서 강조하는 핵심역량과의 연계

우리나라는 2015년 개정 교육과정을 통해 교육과정이 추구하는 인간상을 구현하기 위해 중점적으로 기르고자 하는 핵심역량을 정한 바 있다. 교과 교육을 포함한 학교 교육 전 과정을 통해 적용되는 핵심역량은 누리과정에만 생략되어 있다. 각 급 학교에 동일하게 적용되는 역량과 각 역량의 하위 요소 가운데 유아기에 적용 가능한 내용을 중심으로 자세히 살펴보면 다음과 같다.

① 자기관리 역량: 자아정체성 확립, 자신감 획득, 자기 통제 및 절제, 기본 생활 습관 형성, 자신의 감정 조절, 건강관리 등이 포함된다.

② 지식정보처리 역량: 학습과 삶 등에서 직면하게 되는 문제를 해결하기 위하여 다양한 정보와 자료를 수집 · 분석 · 평가 · 선택하고, 적절한 매체를 활용하여 지식과 정보와 자료를 효과적으로 처리함으로써 합리적으로 문제를 해결할 수 있는 능력을 의미한다. 지식정보처리 역량은 문제 해결 능력과 밀접하게 관련 된다.

③ 창의적 사고 역량: 유창성, 융통성, 독창성과 같은 인지적 측면에서의 창의적 사고 기능, 민감성, 개방성, 독립성, 자발성과 같은 정의적 측면에서의 창의적 사고 성향, 융합적 사고 등이 포함된다.

④ 심미적 감성 역량: 타인의 경험 및 인간에 대한 공감 능력, 다양한 가치에 대한 존중, 정서적 안정감 등이 포함된다.

⑤ 의사소통 역량: 다양한 상황에서 자신의 생각과 감정을 효과적으로 표현하고 다른 사람의 의견을 경청하며 존중하는 능력을 의미하며 언어적 표현 능력, 타인 이해 및 존중 능력, 갈등 조정 능력 등이 하위 요소로 포함될 수 있다.

⑥ 공동체 역량: 시민의식, 준법정신, 질서의식, 참여와 책임의식, 협동과 협업 능력, 나눔과 배려 등이 하위 요소로 포함될 수 있다.

국가수준 교육과정 바로 알기

# Ⅱ. 누리과정 내실화를 위해 교육과정의 계획 · 실행 · 평가 돌아보기

## 1. 교육과정의 계획

### 1. 연간교육계획

#### 가. 기존 연간교육계획안의 문제점

- 연간 생활주제와 누리과정이 연계되지 않는 경향이 있다.
- 누리과정 내용의 연령별 편성에 대한 계획이 충분히 드러나지 않는다.

#### 나. 수정을 위한 준비

① 누리과정 표기기호 부여

누리과정의 교육내용을 숙지하고 모든 계획안과 평가에 의도적으로 목표를 확인할 수 있도록 하는 기재로써 누리과정 교육내용에 표기기호를 부여하였다.

| 누리과정 영역 | 내용 범주 | 내 용 | 세 부 내 용 | 일안 표기 기호 |
|---|---|---|---|---|
| [사] 사회관계 | 4 다른 사람과 더불어 생활하기 | 1 친구와 사이좋게 지내기 | 1 친구와 협동하며 놀이한다. | [사 4-1-1] |
| | | | 2 친구와의 갈등을 긍정적인 방법으로 해결한다. | [사 4-1-2] |
| | | 2 공동체에서 화목하게 지내기 | 1 다른 사람과 도움을 주고받고, 서로 협력한다. | [사 4-2-1] |
| | | | 2 교사 및 주변 사람과 화목하게 지낸다. | [사 4-2-2] |

| 누리과정 영역 | 내용 범주 | 내 용 | 세 부 내 용 | 일안 표기 기호 |
|---|---|---|---|---|
| [의] 의사소통 | 1 듣기 | 1 낱말과 문장 듣고 이해하기 | 1 낱말의 발음에 관심을 가지고 비슷한 발음을 듣고 구별한다. | [의 1-1-1] |
| | | | 2 다양한 낱말과 문장을 듣고 뜻을 이해한다. | [의 1-1-2] |
| | | 2 이야기 듣고 이해하기 | 1 다른 사람의 이야기를 듣고 이해한다. | [의 1-2-1] |
| | | | 2 이야기를 듣고 궁금한 것에 대해 질문한다. | [의 1-2-2] |
| | | 3 동요, 동시, 동화 듣고 이해하기 | 1 동요, 동시, 동화를 다양한 방법으로 듣고 이해한다. | [의 1-3-1] |
| | | | 2 전래 동요, 동시, 동화를 듣고 우리말의 재미를 느낀다. | [의 1-3-2] |
| | | 4 바른 태도로 듣기 | 1 다른 사람의 이야기를 끝까지 주의 깊게 듣는다. | [의 1-4-1] |

### ② 누리과정의 영역별 편성기준 설정

서울특별시교육청(2015)의 「서울형 유치원 교육과정」은 유아들의 연령별 특성을 고려하여 누리과정의 영역별 비중 및 중점교육 시기에 차이를 두도록 하고 있다. 이에 따라 전년도 교육과정 평가에 근거하여 연령별로 비중과 중점교육 시기를 결정하였다.

### ③ 생활주제 및 하위주제 검토

누리과정의 내용을 충분히 반영하고, 연령 간의 연계성과 유아의 흥미를 반영할 수 있도록 생활주제 및 소주제를 검토한 결과 3세의 경우는 이전 연도에 비해 생활주제는 11개에서 9개로, 소주제는 40개에서 25개로 줄어들었으며, 4세는 생활주제 12→10개, 소주제 43→29개로, 5세는 생활주제 15→10개, 소주제 63→26개로 축소되었다.

2017학년도 생활주제 및 소주제는 다음과 같다.

(표시: 연령/학급별 특정 생활주제 — 아래 표에서 **굵게** 표시)

| 3세 월 | 3세 생활주제 및 주제 | 4세 월 | 4세 생활주제 및 주제 | 5세 월 | 5세 생활주제 및 주제 |
|---|---|---|---|---|---|
| 3 | 즐거운 유치원<br>• 유치원에서의 즐거운 생활<br>• 유치원에서의 안전한 생활<br><br>나<br>• **나의 이름** | 3 | 즐거운 유치원<br>• 나는 이화유치원의 다람쥐반(토끼반) 어린이<br>• 유치원에서의 즐거운 생활<br>• 유치원에서의 안전한 생활 | 3 | 즐거운 유치원<br>• 진달래(무궁화)반의 선생님과 친구들<br>• 이화유치원 |
| 4 | • 나의 몸<br>• 나의 마음<br>• 소중한 나<br><br>봄<br>• 부활절<br>• 봄철 날씨 | 4 | 나<br>• 건강한 나의 몸<br>• 나의 마음<br>• 소중한 나<br><br>봄 | 4 | 나<br>• 나의 몸이 하는 일<br>• 소중한 나<br><br>봄<br>• 봄철 자연의 변화<br>• 봄나들이 |
| 5 | • 봄나들이<br><br>가족<br>• 가족의 구성<br>• 가족사랑 | 5 | • 봄철 자연의 모습<br>• 봄나들이<br>• 부활절<br><br>가족<br>• 가족 사랑과 예절<br>• 가족의 생활<br><br>**동물** | 5 | • 부활절<br><br>가족과 **동네**<br>• 가족의 생활문화 |
| 6 | • 유치원 가족 | 6 | • 애완동물<br>• 농장동물<br>• 야생동물<br>• 중생대 동물 | 6 | • 내 동네<br>• 유치원 동네 |

| 월 | 생활주제 및 주제 | 월 | 생활주제 및 주제 | 월 | 생활주제 및 주제 |
|---|---|---|---|---|---|
| 7 | 여름<br>• 여름철 날씨<br>• 여름철 안전<br>• 여름방학 | 7 | 여름<br>• 여름철 날씨와 생활<br>• 여름철 안전<br>• 여름철 자연의 모습 | 7 | 여름<br>• 여름철 자연의 변화<br>• 여름철 안전 |
| 8<br>•<br>9 | 여름<br>• 여름방학<br>• 다시 시작하는 유치원 생활 | 8<br>•<br>9 | 우리나라<br>• 의식주 생활<br>• 전통놀이<br>• 전통예술 | 8<br>•<br>9 | 우리나라<br>• 상징<br>• 문화유산 |
| 10 | 우리나라<br>• 의식주 생활<br>• 전통놀이 | 10 | 교통기관<br>• 육상교통기관<br>• 해상교통기관<br>• 항공교통기관 | 10 | 환경보호와 소비생활<br>• 환경보호<br>• 아껴쓰기 · 나눠쓰기 · 바꿔쓰기<br>• 고쳐쓰기 · 다시쓰기 · 구매하기 |
| 11 | 가을<br>• 가을철 날씨<br>• 가을철 자연의 모습<br>• 추수감사 | 11 | 가을<br>• 가을철 날씨와 생활<br>• 가을철 자연의 변화<br>• 추수감사 | 11 | 가을<br>• 가을철 자연의 변화<br>• 추수감사 |
| 12 | 겨울<br>• 겨울철 날씨<br>• 성탄절<br>• 겨울방학 | 12 | 겨울<br>• 겨울철 날씨와 생활<br>• 겨울철 자연의 모습<br>• 성탄절 | 12 | 겨울<br>• 겨울철 자연의 변화<br>• 성탄절 |
| 1<br>•<br>2 | • 형 반 진급 | 1<br>•<br>2 | • 이화유치원의 맏형 | 1<br>•<br>2 | 유치원 졸업과 초등학교 입학<br>• 유치원 생활 돌아보기<br>• 초등학교 생활 알아보기 |

#### ④ 생활주제 표기기호 부여

누리과정의 내용을 교육하기에 적절한 생활주제를 연계하고 영역별 편성기준을 시기별로 점검해 볼 수 있도록 생활주제에 표기기호를 부여하였다.

〈생활주제 기호 표기의 예〉

| 생활주제 | 소주제 | 표기기호 | 생활주제 | 소주제 | 표기기호 |
|---|---|---|---|---|---|
| 즐거운 유치원 | 진달래(무궁화)반의 선생님과 친구들 | 즐-㉠ | 우리나라 | 상징 | 우-㉠ |
| | 이화유치원 | 즐-㉡ | | 문화유산 | 우-㉡ |
| 나 | 나의 몸이 하는 일 | 나-㉠ | 환경 보호와 소비생활 | 환경보호 | 환-㉠ |
| | 소중한 나 | 나-㉡ | | 아껴쓰기 · 나눠쓰기 · 바꿔쓰기 | 환-㉡ |
| 봄 | 봄철 자연의 변화 | 봄-㉠ | | 고쳐쓰기 · 다시쓰기 | 환-㉢ |
| | 봄나들이 | 봄-㉡ | | 구매하기 | 환-㉣ |
| | 부활절 | 봄-㉢ | 가을 | 가을철 자연의 변화 | 을-㉠ |
| 가족과 동네 | 가족의 생활문화 | 가-㉠ | | 추수감사 | 을-㉡ |
| | 내 동네 | 가-㉡ | 겨울 | 겨울철 자연의 변화 | 겨-㉠ |
| | 유치원 동네 | 가-㉢ | | 성탄절 | 겨-㉡ |
| 여름 | 여름철 자연의 변화 | 여-㉠ | 유치원 졸업과 초등학교 입학 | 유치원 생활 돌아보기 | 유-㉠ |
| | 여름철 안전 | 여-㉡ | | 초등학교 생활 알아보기 | 유-㉡ |

## 다. 수정된 연간교육계획안

① 기존의 생활주제를 중심으로 한 연간교육계획안에 표기부호를 삽입한다.

– 1학기 –

| 전년도 평가 및 2017학년도 계획 | 월 | 주 | 생활주제 및 주제 | 행 사 |
|---|---|---|---|---|
| ▶ 2016학년도 4세 3학기 겨울 생활주제 시 '이화유치원의 맏형' 주제가 추가되었었음. 이와 연계하여 '즐거운 유치원' 생활주제를 실시하고자 함 | '17<br>3 | 2<br>3<br>4<br>5 | 즐거운 유치원<br>㉠ 진달래(무궁화)반의 선생님과 친구들<br>㉡ 이화유치원 | 8(수) 2017학년도 1학기 개학일<br>8(수)~16(목) 부모 수업참관<br>17(금) 집단면담(원아 수업 없음)<br>20(월) 1학기 그림책 대여 프로그램 시작<br>20(월)~23(목) 제1차 부모 · 교사 개인면담(오후)<br>22(수) 어린이예배 시작<br>31(금) 이화유치원 형 · 동생 인사나누기<br>소방대피훈련 |
| ▶ 2016학년도의 경우 '가족과 동네' 생활주제 시 유아의 흥미를 기반으로 지역사회와 연계된 세계 여러나라, 우주 주제 교육활동을 실시하였는데 적절하였음. 2017학년도에도 유아들의 흥미와 관심을 반영하는 동시에 기존의 '내 동네', '유치원 동네' 주제에서 다루었던 내용이 누리과정 교육목표와 잘 연계되어 실시되도록 할 것임 | 4 | /1<br>2<br>3<br>4<br>5 | 나<br>㉠ 나의 몸이 하는 일<br>㉡ 소중한 나<br><br>봄<br>㉠ 봄철 자연의 변화<br>㉡ 봄나들이<br>㉢ 부활절 | 3(월) 이화여대 유아교육과 교육실습시작<br>6(목) 부모회 총회 및 강연<br>14(금) 부활절 예배<br>14(금)~18(화) 부활절활동<br>20(목) 구강검진(예정)<br>27(목) 구강검진(예정)<br>28(금) 이화여대 유아교육과 교육실습 종료<br>29(토) 아버지 참여일<br>이화여대 교정 야외학습<br>소방대피훈련 |
| | 5 | 1<br>2<br>3<br>4<br>5 | 가족과 동네<br>㉠ 가족의 생활문화<br>㉡ 내 동네<br>㉢ 유치원 동네 | 3(수) 석가탄신일(공휴일)<br>4(목) 자율휴업일<br>5(금) 어린이날(공휴일)<br>10(수)~11(목) 학부모 참관일<br>12(금) 현장학습<br>25(목) 조부모님의 날<br>26(금) 재난대응 안전한국훈련<br>29(월)~1(목) 단오활동<br>31(수) 이화여자대학교 창립기념일 (정상수업, 6/5에 자율휴업) |
| | 6 | /1 | | 이화여대 교정 야외학습 |

② 연령별 편성그래프를 첨가한다.

- 만 3세

만 3세 교육과정은 신체운동 · 건강 영역, 사회관계 영역에 중점을 두어 운영함.

유아들이 기본생활습관과 자조능력을 기르며, 사회적 규칙을 인식하고 교사 및 또래와의 상호작용능력을 발달시킬 수 있도록 지도할 것임. 시기별로 융통성 있게 교육과정을 운영하되 학기 초에는 신체운동 · 건강 영역과 사회관계 영역에 가장 큰 비중을 두고 점차 예술경험, 의사소통, 자연탐구 영역의 비중을 늘려감으로써 만 4세 교육과정과 연계되도록 함.

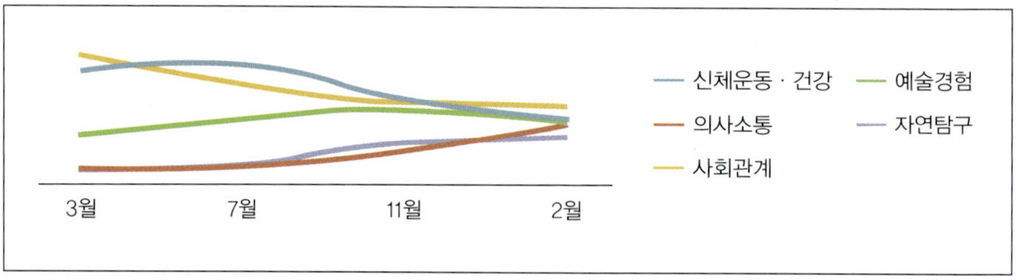


- 만 4세

만 4세 교육과정은 사회관계 영역, 의사소통 영역에 중점을 두어 운영함.

사회관계 영역에서는 유아들이 사회적 기술을 익히고 유치원에서의 다양한 사회적 관계 안에서 이를 적용하며 사회적 능력을 발전시키도록 지도하고자 함. 의사소통 영역에서는 듣기, 말하기의 바른 자세와 방법을 학습하며 책에 친숙함을 느끼고 책 보기를 즐기는 태도를 기르는 데 초점을 두어 지원할 것임. 학년 말에는 학년 초에 비해 자연탐구 영역의 비중을 늘려 만 5세 교육과정과 연계되도록 함.

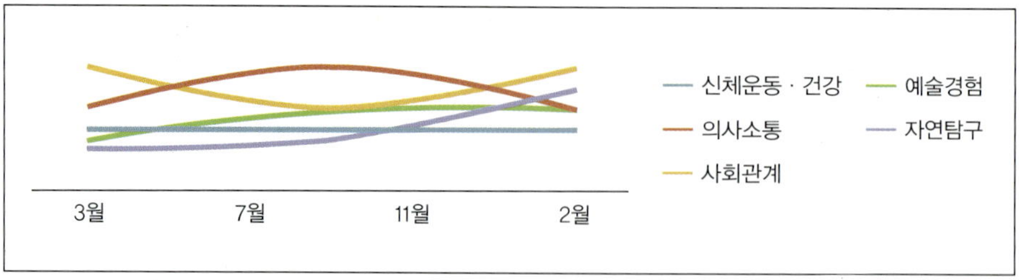

• 만 5세

만 5세 교육과정은 의사소통 영역, 자연탐구 영역에 중점을 두되 자연 및 사회 현상의 탐구와 표현을 강조하여 운영할 계획임. 이 과정에서 특히 유아들의 읽기와 쓰기를 위한 문해 능력 발달, 수학 능력 발달, 과학 · 사회에 대한 탐구 능력 발달을 위한 지도에 노력을 기울일 것임. 또한, 시기별로 융통성 있는 교육과정을 계획하여 아래의 표와 같이 학기 초에는 사회관계, 학기 중반에는 자연탐구, 학년 말에는 문해와 수 · 과학 · 사회의 초등학교 연계에 중점을 두어 운영하고자 함.

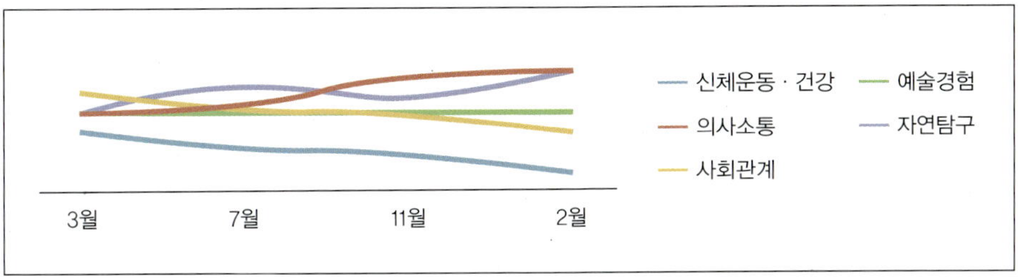

③ 연간 생활주제와 누리과정이 연계되도록 한다.

누리과정과 생활주제의 표기부호를 활용하여 연간교육계획안을 작성한 결과는 다음과 같다.

| 누리과정 영역 | 내용범주 | 내 용 | 3 | 4 | 5 | 세 부 |
|---|---|---|---|---|---|---|
| [의] 의사소통 | 1 듣기 | 1 낱말과 문장 듣고 이해하기 | | | | 1 낱말의 발음에 관심을 가지고 듣는다. |
| | | | | | | 낱말의 발음에 관심을 가지고 비슷한 발음을 듣고 구별한다. |
| | | | | | | 2 일상생활과 관련된 낱말과 문장을 듣고 뜻을 이해한다. |
| | | | | | | 다양한 낱말과 문장을 듣고 뜻을 이해한다. |
| | | 2 이야기 듣고 이해하기 | | | | 다른 사람의 이야기를 관심있게 관심 있게 듣는다. |
| | | | | | | 1 다른 사람의 이야기를 듣고 이해한다. |
| | | | | | | 2 이야기를 듣고 궁금한 것에 대해 질문한다. |
| | | 3 동요, 동시, 동화 듣고 이해하기 | | | | 1 동요, 동시, 동화를 다양한 방법으로 듣고 즐긴다. |
| | | | | | | 동요, 동시, 동화를 다양한 방법으로 듣고 이해한다. |
| | | | | | | 2 전래 동요, 동시, 동화를 듣고 우리말의 재미를 느낀다. |
| | | 4 바른 태도로 듣기 | | | | 말하는 사람을 바라보며 듣는다. |
| | | | | | | 1 다른 사람의 이야기를 주의 깊게 듣는다. |
| | | | | | | 다른 사람의 이야기를 끝까지 주의 깊게 듣는다. |
| | 2 말하기 | 1 낱말과 문장으로 말하기 | | | | 친숙한 낱말을 발음해 본다. |
| | | | | | | 1 친숙한 낱말을 정확하게 발음해 본다. |
| | | | | | | 정확한 발음으로 말한다. |
| | | | | | | 새로운 낱말에 관심을 가진다. |
| | | | | | | 2 다양한 낱말을 사용하여 말한다. |
| | | | | | | 다양한 낱말을 사용하여 상황에 맞게 말한다. |
| | | | | | | 3 일상생활에서 일어나는 일들을 간단한 문장으로 말한다. |
| | | | | | | 일상생활에서 일어나는 일들을 다양한 문장으로 말한다. |
| | | 2 느낌, 생각, 경험 말하기 | | | | 자신의 느낌, 생각, 경험을 말해 본다. |
| | | | | | | 1 자신의 느낌, 생각, 경험을 말한다. |
| | | | | | | 자신의 느낌, 생각, 경험을 적절한 낱말과 문장으로 말한다. |
| | | | | | | 2 주제를 정하여 함께 이야기를 나눈다. |
| | | | | | | 3 이야기를 지어 말한다. |
| | | | | | | 이야기를 지어 말하기를 즐긴다. |
| | | 3 상황에 맞게 바른 태도로 말하기 | | | | 1 듣는 사람의 생각과 느낌을 고려하여 말한다. |
| | | | | | | 상대방을 바라보며 말한다. |
| | | | | | | 2 차례를 지켜 말한다. |
| | | | | | | 때와 장소, 대상에 알맞게 말한다. |
| | | | | | | 3 바르고 고운 말을 사용한다. |
| | 3 읽기 | 1 읽기에 흥미 가지기 | | | | 1 주변에서 친숙한 글자를 찾아 본다. |
| | | | | | | 주변에서 친숙한 글자를 찾아 읽어 본다. |
| | | | | | | 2 읽어 주는 글의 내용에 관심을 가진다. |
| | | | | | | 읽어 주는 글의 내용에 관심을 가지고 읽어 본다. |

만 4세 토끼반

| 교육시기 | 비 고 |
|---|---|
| 봄-㉠ | |
| | |
| 여-㉠ 을-㉠ | |
| | |
| | |
| 봄-㉢ 환-㉡ 겨-㉢ | |
| 나-㉢ 가-㉠ 환-㉠ | |
| 봄-㉠ 우-㉠ | |
| | |
| 우-㉡ 우-㉢ | |
| | |
| 즐-㉡ 우-㉠ | |
| | |
| 나-㉠ | 1수준 유아 적용 |
| 나-㉠ 가-㉡ 을-㉡ | |
| | |
| | |
| 가-㉡ 을-㉢ | |
| | |
| 봄-㉠ 을-㉡ | |
| | |
| | |
| 봄-㉡ 교-㉡ | |
| | |
| 가-㉡ 환-㉡ | |
| 환-㉡ | |
| | |
| 나-㉢ 을-㉢ | |
| | |
| 즐-㉡ 우-㉠ | |
| | |
| 즐-㉡ 우-㉠ | |
| 여-㉠ 겨-㉠ | |
| 동-㉡ 을-㉢ | |
| 봄-㉢ 우-㉠ | |
| 겨-㉣ | 3수준 유아 적용 |

1

교사가 모든 연령의 교육내용을 숙지하여 유아의 수준에 맞게 지도할 수 있도록 3, 4, 5세 연령별 세부내용을 한 표로 수합하고 국가에서 제시한 해당 교육 연령을 색깔로 표기하기

2

생활주제와 연계하기에 적절하거나 시기별로 점검해 볼 교육내용의 실시 시기를 생활주제 기호로 표기하기

3

국가에서 제시한 연령별 교육내용을 따르는 것이 일반적이나 1수준 혹은 3수준 유아에게 적용하여 지도할 필요가 있는 경우 비고란에 표기하기

**잠깐!!**

교육 시기에 표기한 때에만 해당 내용을 지도해야 하는 것은 아니다.
이는 교사가 누리과정에서 놓치고 있는 내용이 없는지 점검하여 교육하는 데 도움을 주기 위해 작성한 것이다. 따라서 연중지속적으로 실시되어야 하는 내용 및 유아의 흥미와 반응 등을 고려하여 융통성 있게 교육과정을 운영할 수 있다.

## 2. 주간교육계획

### 가. 기존 주간교육계획안의 문제점

- 누리과정의 목표가 분명하게 드러나지 않는다.
- 생활주제가 교사 중심으로 미리 결정되기 때문에 유아의 흥미가 충분히 반영되지 않는다.

### 나. 수정을 위한 준비

#### ① 생활주제와 누리과정 목표 기술란의 위치 변경

누리과정의 영역 및 내용이 교육의 목표가 되어야 하며 생활주제는 이를 통합하기 위한 방법임을 분명하게 하기 위하여 주간교육계획안에 누리과정 영역 및 내용, 이에 따른 목표를 기술하는 칸을 상단에 배치한다.

#### ② 생활주제 시작 계기란 신설

생활주제나 하위주제는 연간교육계획안에 따라 교사가 미리 계획을 하기도 하지만 유아의 흥미에 따라 새롭게 발현되는 경우도 있고, 실행 기간이 길어지기도 하고, 교사가 계획한 내용이 삭제되기도 한다. 이에 생활주제나 하위주제를 시작하게 된 계기를 기록할 수 있는 칸을 신설한다.

## 다. 수정된 주간교육계획안

| 만 5세 무궁화반 주간교육계획안<br>2017학년도 4월 5주 | | | |
|---|---|---|---|
| 생활주제 | 봄<br>나 | 주제 | 봄철 자연의 변화<br>소중한 나 |

| 누리과정 영역 및 내용 | | | |
|---|---|---|---|
| | [신] 신체운동 · 건강 | 3 신체활동에 참여하기 | 1 자발적으로 신체활동에 참여하기 |
| | [의] 의사소통 | 2 말하기 | 2 느낌, 생각, 경험 말하기 |
| | [사] 사회관계 | 1 나를 알고 존중하기 | 1 나를 알고, 소중히 여기기 |
| | [예] 예술경험 | 3 예술 감상하기 | 1 다양한 예술 감상하기 |
| | [자] 자연탐구 | 3 과학적 탐구하기 | 2 생명체와 자연환경 알아보기 |

| 생활주제(주제) 시작 계기 | 유아들이 봄철 자연의 변화 중 식물의 변화에 관심을 가지며 탐구하고 있음. 이에 '봄철 자연의 변화' 주제를 지속하여 유치원 가지려고 함. 이를 통해 유아들이 식물의 성장과정을 이해하고 식물을 사랑하는 마음을 가질 수 있도록 지원할 계획임.<br>유아들이 자신과 타인의 차이를 인정하고 이를 존중하며 소중히 여기는 태도를 기를 수 있도록 지원하고자 '나' 생활주제 중 |
|---|---|

| 활동 | 요일/날짜 | 월 (24일) | 화 (25일) | 수 (26일) | 목 (27일) |
|---|---|---|---|---|---|
| 자유선택활동 | 쌓기놀이 영역 | • 종이벽돌블록, 유니트블록으로 협동구성물 만들기 | • 탑쌓기블록으로 다양한 형태 구성하기 | | • 레고블록으로 구성물 만들어 |
| | 역할놀이 영역 | • 가족놀이하기(친구와 협력하여 역할을 정하고 가족놀이하기, 음식 모형으로 음식 만들고 차려서 함께 먹기 등) -------------------- | | | |
| | 언어 영역 | • '나', '봄' 생활주제 관련 그림책(『책의 특별한 재능』, 『나에게 정원이 있다면』 등) 읽기 | | | |
| | 수 · 조작놀이 영역 | • 수 · 조작교구(그림을 보고 도형 조각으로 같은 모양 만들기, 모양 탑 쌓기 등), 그룹게임(비버 집 짓기, 정원 꾸미기 등) 하기 ----- | | | |
| | 과학 영역 | • 자연물 관찰하기(라이트테이블 위에서 봄에 볼 수 있는 꽃과 잎 관찰하기/화보 및 관련 서적 찾아보기 등) ------------------------ | | | |
| | 조형 영역 | • 다양한 미술 자료(종이, 아세테이트지, 자연물, 비닐 등)의 특성(질감, 색, 명암, 모양 등) 알아보기<br>• 생일축하 그림 그리기----------------------------------------------> | | • 어버이날 꽃 만들기 ------------------------------------------- | |
| | 음률 영역 | • 여러 가지 리듬악기(마라카스, 드럼, 막대탬버린 등) 소리 탐색하기 및 연주하기 | | • 악기의 길이, 채에 따라 달라지는 소리 탐색하기 - | |
| | 실외 영역 | • 만 4 · 5세 종합놀이터: 그물다리, 흔들다리, 터널 통과하기, 미끄럼틀 타기, 암벽 등반하기<br>• 모래놀이터: 모래 쌓아서 산 만들기, 공사장 놀이하기 • 그네 타기 • 네스팅브릿지 오르내리기 • 역할: 동생, 친구들과 함께 | | | |
| 대 · 소집단 활동 | 이야기나누기 | • 5분 교통안전교육 | | • 말로 감정 표현하기<br>(기쁨, 슬픔, 두려움, 분노) | |
| | 동화 · 동극 · 동시 | • 콩이네 유치원 텃밭<br>(반입체동화) | | • 찰칵 마음이 보여요<br>(PPT동화) | |
| | 음악 | | | • (찬양)행복한 마음 | • 기쁨 주는 생일,<br>생일 축하합니다 |
| | 율동 · 신체활동 | | • 25m 달리기(신체활동) | | • 한 시골 농가에(율동) |
| | 게임 | • 귓속말 전달하기 | | | |
| | 탐구 · 조사 | | • 꽃씨 관찰 및 꽃씨 심기 | | |
| | 간식 | • 김치콩나물죽 | • 꿀떡3, 우유 | • 떠먹는 두부1, 양념장 | • 생일간식1, 과일1, 우유 |
| | 급식 | • 팥밥, 아욱된장국, 쇠고기장조림, 과일샐러드, 김치, 김구이 | • 잡곡밥, 배추된장국, 훈제오리, 무쌈, 깻잎멸치찜, 김치 / 오렌지 | • 서리태밥, 오징어무국, 탕수육, 호박나물, 김치, 김구이 / 배 | • 잡곡밥, 쇠고기버섯전골, 파프리카어묵볶음, 참나물, 깍두기 / 포도 |
| | 전이 · 주의집중 | • 입 모양 보고 알아맞히기 | • 씨앗그림 자리 바꾸기 | • 표정 보고 감정 알아맞히기 | • 피아노 소리에 맞춰 움직이기 |
| | 귀가지도 | • 하루일과 평가하기<br>• 개인장에 있는 물건 깨끗하게 정돈하기 | • 내일 날씨가 좋으면 야외학습을 갈 것임. 달리기를 할 것이므로 운동화 신고 오기 | • 예배 말씀 기억하고 실천하기<br>• 하루일과 평가하기 | • 일과 평가하기<br>• 그림책 가방 가져가기 |
| 급식조력부모 | | | | | |
| 교육행사 · 학사일정 | | ※교육실습(수업보조) | ※야외학습(이화여대운동장)<br>※교육실습(수업보조) | ※예배<br>※교육실습(수업보조) | ※그림책 반납 및 대출<br>※교육실습(수업보조) |
| 생활주제 평가 | | | | | |

| 목표 | 자신과 다른 사람의 운동능력의 차이를 긍정적으로 인식하며 이해한다.<br>자신의 감정을 적절한 어휘를 사용하여 표현하는 능력을 기른다.<br>나와 타인을 긍정적으로 생각하며 소중하게 여기는 태도를 기른다.<br>다양한 음악, 미술작품, 극놀이 등을 감상하는 태도를 기른다.<br>동식물의 특성과 성장과정에 대해 탐구하며 이해한다. |
|---|---|

앞마당 및 텃밭에 직접 꽃과 채소모종을 심고 이를 관찰하며 지속적으로 돌보는 경험을

'소중한 나' 주제를 진행함.

| | 금 (28일) | 토 (29일) | 평가 |
|---|---|---|---|
| 전시하기 -------------------------------------------------------> | | | |
| -------------------------------------------------------> | | | |
| • 쓰고 싶은 글자 쓰기/친구들, 선생님에게 편지 써 보기 ----------> | | | |
| -------------------------------------------------------> | | | |
| -------------------------------------------------------> | | | |
| • 여러 가지 채색도구 활용하여 표현하기 -------------------------><br>-------------------------------------------------------> | | | |
| -------------------------------------------------------> | | | |
| • 쌓기: EQ항균 블록 · 집짓기 블록으로 구성물 만들기<br>음식점 놀이하기 • 봄이 되어 변화하는 자연의 모습 관찰 · 기록하기 | | | |
| | • 교육실습생 송별회 | • 영상물 감상 '아빠와 함께 하고 싶은 일' | |
| | • 숲속 약국놀이<br>(교육실습생 연극) | | |
| | | | |
| | | | |
| | | • 신문지 놀이 | |
| | | | |
| | • 단호박찜1/2, 우유 | • 빵, 과일 | |
| | • 기장밥, 비지찌개, 임연수구이, 감자조림, 김치, 김구이 / 키위 | | |
| | • 색깔 찾아보기 | • 배운 노래 부르기 | |
| | • 칫솔통 가지고 가기<br>• 내일은 아버지참여일임. 9시 30분까지 오기 | • 실내화 가지고 가기<br>• 주말 즐겁게 지내고 월요일에 건강한 모습으로 만나기 | |
| | | | |
| | ※이화여대 유아교육과 교육실습 종료 | ※아버지 참여일 | |
| | | | |

1 2

해당 주에 초점을 두어 교육할 누리과정 영역 및 내용, 이에 따른 목표를 기술하는 칸을 상단에 배치하기

3

교사가 연초에 작성한 연간교육계획안의 생활주제에 따라 일방적으로 교육을 계획, 실행하지 않고 유아들의 발현적 흥미 등에 따라 생활주제 및 주제를 선정, 운영할 수 있도록 생활주제(주제) 시작 계기 칸을 추가하기

## 3. 일일교육계획

### 가. 기존 일일교육계획안의 문제점

일일교육계획안의 목표가 생활주제 중심으로 기술되고 누리과정의 목표는 관련 요소로만 표기되어 본말이 전도되는 경향이 있다.

### 나. 수정을 위한 준비

① 일일교육계획안에서 누리과정 관련 요소와 생활주제의 목표를 기술하는 칸의 위치를 변경한다.

② 일일교육계획안의 활동목표를 기술함에 있어, 활동의 특성에 따른 목표뿐만 아니라 누리과정의 목표를 분명하게 기술한다.

### 다. 수정된 일일교육계획안

<table>
<tr><td>학급명</td><td colspan="2">무궁화반 (만 5세)</td><td>날짜</td><td>2016년 3월 9일 수요일</td><td>수업일수</td><td>1/184일</td></tr>
<tr><td rowspan="2">누리<br>과정<br>영역<br>및 내용</td><td>[신] 신체운동 · 건강</td><td>4 건강하게 생활하기</td><td colspan="2">3 건강한 일상생활 하기</td><td rowspan="2">목표</td><td rowspan="2">새롭게 시작하는 무궁화반 생활에 즐겁게 참여하는 태도를 기른다.<br>무궁화반 선생님, 친구들과 화목하게 지내는 사회적 기술을 익힌다.</td></tr>
<tr><td>[사] 사회관계</td><td>4 다른 사람과 더불어 생활하기</td><td colspan="2">2 공동체에서 화목하게 지내기</td></tr>
<tr><td>생활주제</td><td colspan="4">즐거운 유치원</td><td>주제</td><td>무궁화반의 선생님과 친구들</td></tr>
<tr><td>일일<br>시간표</td><td colspan="6">9:00~ 등원 및 실내 자유선택활동<br>10:00~ 정리정돈<br>10:10~ 간식 '설기떡1, 우유'<br>10:30~ 이야기나누기 '인사나누기'<br>10:45~ 실내 자유선택활동<br>(10:45~) 이야기나누기 '화장실 사용'(신입원아)<br>11:30~ 정리정돈<br>11:40~ PPT동화 '하나님, 지켜봐주세요'<br>12:00~ 점심식사<br>13:00~ 실내 자유선택활동<br>13:35~ 정리정돈<br>13:45~ 평가 및 귀가지도</td></tr>
</table>

| 13:30~ 이야기 나누기 '아나바다 운동' | [사 4-3-5]<br>• 아나바다 운동의 의미를 안다.<br>• 아나바다 운동 방법을 알고 실천한다. | ◎ 이야기나누기 '아나바다 운동'<br>• 자리정돈 및 주의집중: 초성 보고 글자 알아맞히기<br>• 아나바다 운동의 의미 알아보기<br>- 아나바다는 우리 주변의 물건들을 낭비하지 말고 절약해서 소중하게 사용하자는 약속임<br>- 각 글자에는 숨은 뜻이 있음(아껴쓰기, 나눠쓰기, 바꿔쓰기, 다시쓰기)<br>• 아껴쓰기, 나눠쓰기, 바꿔쓰기, 다시쓰기의 의미와 방법에 대해 이야기나누기<br>• 바자회 · 벼룩시장 준비 계획하기<br>- 이화유치원 어린이들의 의견을 모아 바자회와 벼룩시장에서 판매할 물건을 정하였음<br>- 바자회와 벼룩시장을 준비하려면 무엇을 해야 할까요? 어떤 역할이 필요할까요?<br>- 바자회, 벼룩시장 준비를 하기 위한 모둠 정하기 | • 화이트보드, 보드마커, 이야기나누기 자료 (아나바다 실천방법과 관련된 사진) |
|---|---|---|---|

1 2

기존의 일일교육계획 목표를 누리과정 영역 및 내용과 이에 따른 일일교육목표를 서술하는 것으로 변경하기
이를 일일교육계획안의 상단에 배치함으로써 일일교육계획의 내용과 목표가 누리과정을 기반으로 한 것임을 명확히 하기

3

활동목표를 서술할 때 관련된 누리과정 세부내용 기호를 함께 표기하여 활동의 목표가 누리과정의 교육내용과 연계되도록 하기

# 2. 교육과정의 평가

## 1. 운영 평가

### 가. 일일교육 평가

① 기존 일일교육 평가의 문제점

- 누리과정의 목표가 분명하게 드러나지 않는다.
- 교육과정 실행의 결과가 다음 날의 교육계획에 충분히 반영되지 않는다.

② 수정을 위한 준비

- 누리과정 표기기호 사용
  - 일일교육계획안 평가란에 누리과정의 표기기호를 병기한다.
- 기술방식 수정
  - 교육과정의 실행 결과가 다음 교육계획 시 바로 반영될 수 있도록 기술방식을 수정한다.

③ 수정된 일일교육 평가

| 시간/활동명 | 활동 목표 ❶ | 활 동 내 용 | 준비물 및 유의점 | 평 가 ❷ | |
|---|---|---|---|---|---|
| | | | | 교사의 일과 운영 | 유아의 학습 |
| 13:30~ 이야기 나누기 '아나 바다 운동' | [사 4-3-5]<br>• 아나바다 운동의 의미를 안다.<br>• 아나바다 운동 방법을 알고 실천한다. | ◎ 이야기나누기 '아나바다 운동'<br>• 자리정돈 및 주의집중: 초성 보고 글자 알아맞히기<br>• 아나바다 운동의 의미 알아보기<br>- 아나바다는 우리 주변의 물건들을 낭비하지 말고 절약해서 소중하게 사용하자는 약속임<br>- 각 글자에는 숨은 뜻이 있음(아껴쓰기, 나눠쓰기, 바꿔쓰기, 다시쓰기)<br>• 아껴쓰기, 나눠쓰기, 바꿔쓰기, 다시쓰기의 의미와 방법에 대해 이야기나누기<br>• 바자회 · 벼룩시장 준비 계획하기<br>- 이화유치원 어린이들의 의견을 모아 바자회와 벼룩시장에서 판매할 물건을 정하였음<br>- 바자회와 벼룩시장을 준비하려면 무엇을 해야 할까요? 어떤 역할이 필요할까요?<br>- 바자회, 벼룩시장 준비를 하기 위한 모둠 정하기 | • 화이트 보드, 보드 마커, 이야기 나누기 자료 (아나바다 실천 방법과 관련된 사진) | [사 4-3-5]<br>• 유아들이 뜻을 유추하여 생각을 표현할 수 있도록 '아나바다'의 초성을 적어 활동을 전개하면서 자원을 아끼는 습관을 강조함. 이 방법이 유아의 관심을 높이고 '아나바다'의 뜻을 알아보고 익히는 데 적극적으로 참여하도록 하였음 | |

1 2

- 교육목표와 평가가 유기적으로 실시되도록 해당하는 누리과정 세부내용을 기호로 표기하기
- 학기말 교육과정 평가 시 실제로 교육한 누리과정 내용을 기호로 검색, 교육횟수를 수합하여 통계에 활용하기

## 나. 주간교육 평가

### ① 기존 주간교육 평가의 문제점

- 기존 서식에는 각 활동별 평가란이 있어 일일교육계획 평가와 내용이 중복되는 경향이 있다.
- 일일교육계획안은 누리과정의 내용과 목표를 평가할 수 있으나 생활주제를 평가할 수 있는 기제가 없다.

### ② 수정을 위한 준비

- 평가란의 병합
  - 기존의 평가란을 하나로 병합하여 주간 평가에 포함되어야 하는 내용과 다음 주 교육계획에 반영되어야 하는 내용을 중점적으로 작성하도록 한다.
- 생활주제 평가란 신설
  - 주간교육계획을 작성할 때 생활주제 시작 계기란을 신설한 것과 마찬가지로 생활주제를 종료하게 된 이유와 전반적인 실행 결과를 평가하고 다음 생활주제나 이듬해 연간교육계획 수립 시 반영할 수 있도록 한다.

③ 수정된 주간교육 평가

| 만 5세 무궁화반 주간교육계획안<br>2017학년도 4월 5주 | | | | 누리<br>과정<br>영역<br>및<br>내용 | [신] 신체운동 · 건강<br>[의] 의사소통<br>[사] 사회관계<br>[예] 예술경험<br>[자] 자연탐구 | 3 신체활동에 참여하기<br>2 말하기<br>1 나를 알고 존중하기<br>3 예술 감상하기<br>3 과학적 탐구하기 | 1 자발적으로 신체활동에 참여하기<br>2 느낌, 생각, 경험 말하기<br>1 나를 알고, 소중히 여기기<br>1 다양한 예술 감상하기<br>2 생명체와 자연환경 알아보기 |
|---|---|---|---|---|---|---|---|
| 생활<br>주제 | 봄<br>나 | 주제 | 봄철 자연의 변화<br>소중한 나 | | | | |

| 생활주제(주제) 시작 계기 | | 유아들이 봄철 자연의 변화 중 식물의 변화에 관심을 가지며 탐구하고 있음. 이에 '봄철 자연의 변화' 주제를 지속하여 유치원<br>이를 통해 유아들이 식물의 성장과정을 이해하고 식물을 사랑하는 마음을 가질 수 있도록 지원할 계획임.<br>유아들이 자신과 타인의 차이를 인정하고 이를 존중하며 소중히 여기는 태도를 기를 수 있도록 지원하고자 '나' 생활주제 중 | | | |
|---|---|---|---|---|---|
| 활동 | 요일/날짜 | 월 (24일) | 화 (25일) | 수 (26일) | 목 (27일) |
| 자유선택활동 | 쌓기놀이 영역 | • 종이벽돌블록, 유니트블록으로 협동구성물 만들기 • 탑쌓기블록으로 다양한 형태 구성하기 • 레고블록으로 구성물 만들어 | | | |
| | 역할놀이 영역 | • 가족놀이하기(친구와 협력하여 역할을 정하고 가족놀이하기, 음식 모형으로 음식 만들고 차려서 함께 먹기 등) --- | | | |
| | 언어 영역 | • '나', '봄' 생활주제 관련 그림책(『책의 특별한 재능』, 『나에게 정원이 있다면』 등) 읽기 • 쓰고 싶은 글자 쓰기/친구들, | | | |
| | 수 · 조작놀이 영역 | • 수 · 조작교구(그림을 보고 도형 조각으로 같은 모양 만들기, 모양 탑 쌓기 등), 그룹게임(비버 집 짓기, 정원 꾸미기 등) 하기 ----- | | | |
| | 과학 영역 | • 자연물 관찰하기(라이트테이블 위에서 봄에 볼 수 있는 꽃과 잎 관찰하기/화보 및 관련 서적 찾아보기 등) ---------- | | | |
| | 조형 영역 | • 다양한 미술 자료(종이, 아세테이트지, 자연물, 비닐 등)의 특성(질감, 색, 명암, 모양 등) 알아보기<br>• 생일축하 그림 그리기------------------------------------------〉 • 어버이날 꽃 만들기 ------------------------------------------ | | | |
| | 음률 영역 | • 여러 가지 리듬악기(마라카스, 드럼, 막대탬버린 등) 소리 탐색하기 및 연주하기 | | | |
| | 실외 영역 | • 만 4 · 5세 종합놀이터: 그물다리, 흔들다리, 터널 통과하기, 미끄럼틀 타기, 암벽 등반하기<br>• 모래놀이터: 모래 쌓아서 산 만들기, 공사장 놀이하기 • 그네 타기 • 네스팅브릿지 오르내리기 • 역할: 동생, 친구들과 함께 | | | |
| 대 · 소집단활동 | 이야기나누기 | • 5분 교통안전교육 | | • 말로 감정 표현하기<br>(기쁨, 슬픔, 두려움, 분노) | |
| | 동화 · 동극 · 동시 | • 콩이네 유치원 텃밭<br>(반입체동화) | | • 찰칵 마음이 보여요<br>(PPT동화) | |
| | 음악 | | | • (찬양)행복한 마음 | • 기쁨 주는 생일,<br>생일 축하합니다 |
| | 율동 · 신체활동 | | • 25m 달리기(신체활동) | | • 한 시골 농가에(율동) |
| | 게임 | • 귓속말 전달하기 | | | |
| | 탐구 · 조사 | | • 꽃씨 관찰 및 꽃씨 심기 | | |
| | 간식 | • 김치콩나물죽 | • 꿀떡3, 우유 | • 떠먹는 두부1, 양념장 | • 생일간식1, 과일1, 우유 |
| | 급식 | • 팥밥, 아욱된장국, 쇠고기장조림, 과일샐러드, 김치, 김구이 | • 잡곡밥, 배추된장국, 훈제오리, 무쌈, 깻잎멸치찜, 김치 / 오렌지 | • 서리태밥, 오징어무국, 탕수육, 호박나물, 김치, 김구이 / 배 | • 잡곡밥, 쇠고기버섯전골, 파프리카어묵볶음, 참나물, 깍두기 / 포도 |
| | 전이 · 주의집중 | • 입 모양 보고 알아맞히기 | • 씨앗그림 자리 바꾸기 | • 표정 보고 감정 알아맞히기 | • 피아노 소리에 맞춰 움직이기 |
| | 귀가지도 | • 하루일과 평가하기<br>• 개인장에 있는 물건 깨끗하게 정돈하기 | • 내일 날씨가 좋으면 야외학습을 갈 것임. 달리기를 할 것이므로 운동화 신고 오기 | • 예배 말씀 기억하고 실천하기<br>• 하루일과 평가하기 | • 일과 평가하기<br>• 그림책 가방 가져가기 |
| 급식조력부모 | | | | | |
| 교육행사 · 학사일정 | | ※교육실습(수업보조) | ※야외학습(이화여대운동장)<br>※교육실습(수업보조) | ※예배<br>※교육실습(수업보조) | ※그림책 반납 및 대출<br>※교육실습(수업보조) |
| 2 생활주제 평가 | | '나' 생활주제를 통한 교육활동을 전개하면서 '나의 몸이 하는 일'과 '소중한 나' 주제를 진행하였음. '나의 몸이 하는 일' 주제에서<br>느낄 수 있는 자신의 감정에 대해 올바르게 인식하고 적절하게 표출하도록 지도하였고, 놀이 및 생활 속에서 변화하는 유아들의<br>여길 수 있는 기회가 되었으나, 추후 타인의 감정을 존중하고 배려하기 위한 지도를 지속할 필요가 있겠음 | | | |

| 목표 | 자신과 다른 사람의 운동능력의 차이를 긍정적으로 인식하며 이해한다.<br>자신의 감정을 적절한 어휘를 사용하여 표현하는 능력을 기른다.<br>나와 타인을 긍정적으로 생각하며 소중하게 여기는 태도를 기른다.<br>다양한 음악, 미술작품, 극놀이 등을 감상하는 태도를 기른다.<br>동식물의 특성과 성장과정에 대해 탐구하며 이해한다. |
|---|---|

앞마당 및 텃밭에 직접 꽃과 채소모종을 심고 이를 관찰하며 지속적으로 돌보는 경험을 가지려고 함.

'소중한 나' 주제를 진행함.

| | 금 (28일) | 토 (29일) | 평가 (1) |
|---|---|---|---|
| | 전시하기 ----------------------------------------> | | • 이번 주에는 유아들이 보다 세분화된 감정을 이해하고, 자신의 감정을 적절하게 표출하는 것을 지원하기 위한 교육활동을 진행하였음. 이를 통해 유아들이 자신이 느낄 수 있는 다양한 감정을 올바르게 인식하고 불편함을 표현하고 있으나, 아직 다른 사람의 감정을 유추하거나 이해하고 존중하는 부분에서는 교사의 지원이 필요함. 일상생활에서의 관계를 통한 연습이 필요한 부분이므로, 놀이지도 시 다른 사람의 감정을 헤아리거나 존중할 수 있도록 관찰 및 지도가 필요함<br>• 행사준비와 교생송별회 등으로 인하여 봄철 자연의 변화에 대한 대·소집단활동은 적었으나, 텃밭에 심는 식물에 대해 알아보고, 돌보는 과정을 통해 봄철 관찰할 수 있는 자연의 변화를 알고, 유아들이 유치원 내의 식물을 소중히 여기도록 지도할 수 있었음<br>• 생일축하와 가족 관련 행사 준비(어버이날 꽃, 초대장 등)로 인해 조형활동이 평면그림 중심으로 진행되었음. 다음주에는 보다 다양한 기법의 조형활동을 계획할 필요가 있겠음<br>• 정적인 활동과 동적인 활동의 비율이 적절히 이루어질 수 있도록 주간 교육을 계획하였고 이에 맞춰 교육활동이 진행되었음 |
| | ----------------------------------------> | | |
| | 선생님에게 편지 써 보기 ----------------------------> | | |
| | ----------------------------------------> | | |
| | ----------------------------------------> | | |
| | • 여러 가지 채색도구 활용하여 표현하기 ---------------><br>----------------------------------------> | | |
| | • 악기의 길이, 채에 따라 달라지는 소리 탐색하기 ---------> | | |
| | • 쌓기: EQ항균 블록 · 집짓기 블록으로 구성물 만들기<br>음식점 놀이하기 • 봄이 되어 변화하는 자연의 모습 관찰 · 기록하기 | | |
| | • 교육실습생 송별회 | • 영상물 감상 '아빠와 함께 하고 싶은 일' | |
| | • 숲속 약국놀이<br>(교육실습생 연극) | | |
| | | | |
| | | | |
| | | • 신문지 놀이 | |
| | | | |
| | • 단호박찜1/2, 우유 | • 빵, 과일 | |
| | • 기장밥, 비지찌개, 임연수구이, 감자조림, 김치, 김구이 / 키위 | | |
| | • 색깔 찾아보기 | • 배운 노래 부르기 | |
| | • 칫솔통 가지고 가기<br>• 내일은 아버지참여일임. 9시 30분까지 오기 | • 실내화 가지고 가기<br>• 주말 즐겁게 지내고 월요일에 건강한 모습으로 만나기 | |
| | | | |
| | ※이화여대 유아교육과 교육실습 종료 | ※아버지 참여일 | |

유아들이 몸의 구조와 역할에 대해 학습하였으며, '소중한 나' 주제에서는 유아들이 다양한 상황에서 표현을 관찰할 수 있었음. 본 생활주제를 통해 유아들이 자신에 대해 긍정적으로 인식하고 소중하게

1 주간 평가란에는 다음 주의 교육활동을 계획할 때 필요한 교사의 교육적 의도와 유아의 흥미가 반드시 포함되도록 작성하기

2 생활주제 평가란에는 생활주제 종료를 결정한 이유 및 실행 결과에 대한 전반적 평가 등을 서술하기

## 다. 연간교육 평가

### ① 기존 연간교육 평가의 문제점

- 누리과정 목표의 달성 여부를 객관적으로 평가하기 어렵다.
- 교사 개인에 따라 운영의 편차가 존재하나 이를 검증하기 어렵다.
- 연령별로 교육과정의 편성 결과를 객관적으로 확인하기 어렵다.

### ② 수정을 위한 준비

- 평가의 정확도 높이기
  - 각 활동별로 달성할 수 있는 목표가 다양할 수 있으나 교사가 초점을 두어 실시한 목표와 가장 연관된 세부내용을 1개 또는 2개만 선택하여 입력함으로써 평가의 정확도를 높인다.
- 누리과정 세부내용에 따른 활동 분류
  -1학기에 실시한 모든 교육활동을 누리과정 세부내용에 따라 분류한다.

| 만5세 [사] 사회관계 / 생활주제 | | | 즐거운 유치원 | 나 | 가족과 동네 | | |
|---|---|---|---|---|---|---|---|
| | | | | 봄 | | 여름 | |
| 내용범주 | 내용 | 하위 내용 | 3 월 | 4 월 | 5 월 | 6 월 | 47월 |
| 1 나를 알고 존중하기 | 1 나를 알고, 소중히 여기기 | 1 나에 대해 알아본다. | 이나 '나의 역사' | 이나 '내 이름에 담긴 뜻'<br>동화 '내 이름' | | | |
| | | 2 나와 다른 사람의 신체적, 사회적, 문화적 차이를 존중한다. | 동화 '사랑에 빠진 개구리'<br>노래 '나는 너에 대해 알고 싶어' | 이나 '장애인의 날' | 동화 '내 이름은 윤이에요' | | |
| | | 3 나에 대해 긍정적으로 생각하고 나를 소중하게 여긴다. | 이나 '나의 역사' | 노래 '우리들의 마음 속엔'<br>노래 '단 하나뿐' 노래 '나는 특별해'<br>이나 '내 이름에 담긴 뜻'<br>동시 '나' 탐구 · 조사 '소중한 몸' 동화 '내 이름' | 이나 '어린이날'<br>노래 '어린이날'<br>동화 '나의 아름다운 아이에게' | | |
| | 2 나의 일 스스로 하기 | 1 내가 할 수 있는 일을 스스로 한다. | 이나 '이화유치원의 원훈'<br>이나 '간식① 개별 간식 준비'<br>이나 '놀이 평가하기' | 이나 '아버지 참여일 준비' | 이나 '조부모님의 날 준비' | | |
| | | 2 하고 싶은 일을 계획하고 해 본다. | | 이나 '놀이계획' | 이나 '놀이계획' | 이나 '놀이계획' | 이나 '놀이계획'<br>이나 '방학동안 지키고 싶은 약속' |

| 만 5세 [사] 사회관계 / 생활주제 | | | 즐거운 유치원 | 나 |
|---|---|---|---|---|
| 내용범주 | 내용 | 하위 내용 | 3 월 | 4 월 |
| 1 나를 알고 존중하기 | 1 나를 알고, 소중히 여기기 | 1 나에 대해 알아본다. | 이나 '나의 역사' | 이나 '내 이름에 담긴 뜻'<br>동화 '내 이름' |
| | | 2 나와 다른 사람의 신체적, 사회적, 문화적 차이를 존중한다. | 동화 '사랑에 빠진 개구리'<br>노래 '나는 너에 대해 알고 싶어' | 이나 '장애인의 날' |
| | | 3 나에 대해 긍정적으로 생각하고 나를 소중하게 여긴다. | 이나 '나의 역사' | 노래 '우리들의 마음 속엔'<br>노래 '단 하나뿐' 노래 '나는 특별해'<br>이나 '내 이름에 담긴 뜻'<br>동시 '나' 탐구 · 조사 '소중한 몸' 동화 '내 이름' |
| | 2 나의 일 스스로 하기 | 1 내가 할 수 있는 일을 스스로 한다. | 이나 '이화유치원의 원훈'<br>이나 '간식① 개별 간식 준비'<br>이나 '놀이 평가하기' | 이나 '아버지 참여일 준비' |
| | | 2 하고 싶은 일을 계획하고 해 본다. | | 이나 '놀이계획' |

### ③ 수정된 연간교육 평가

- 교육활동 편성 정도 확인하기
  - 누리과정 세부내용에 따라 분류된 교육활동을 계수한 후 백분율로 환산한다.

| 신 신체운동·건강 | | 개수 | 비율 |
|---|---|---|---|
| 1 신체 인식하기 | 1 감각 능력 기르고 활용하기 | 3 | 2.5 |
| | 2 신체를 인식하고 움직이기 | 5 | 4.2 |
| 2 신체 조절과 기본운동하기 | 1 신체 조절하기 | 20 | 16.8 |
| | 2 기본운동하기 | 16 | 13.4 |
| 3 신체활동에 참여하기 | 1 자발적으로 신체활동에 참여하기 | 14 | 11.8 |
| | 2 바깥에서 신체활동하기 | 4 | 3.4 |
| | 3 기구를 이용하여 신체활동하기 | 3 | 2.5 |
| 4 건강하게 생활하기 | 1 몸과 주변을 깨끗이 하기 | 5 | 4.2 |
| | 2 바른 식생활하기 | 9 | 7.6 |
| | 3 건강한 일상생활하기 | 2 | 1.7 |
| | 4 질병 예방하기 | 10 | 8.4 |
| 5 안전하게 생활하기 | 1 안전하게 놀이하기 | 9 | 7.6 |
| | 2 교통안전규칙 지키기 | 7 | 5.9 |
| | 3 비상 시 적절히 대처하기 | 12 | 10.1 |
| 총계 | | 119 | 100 |

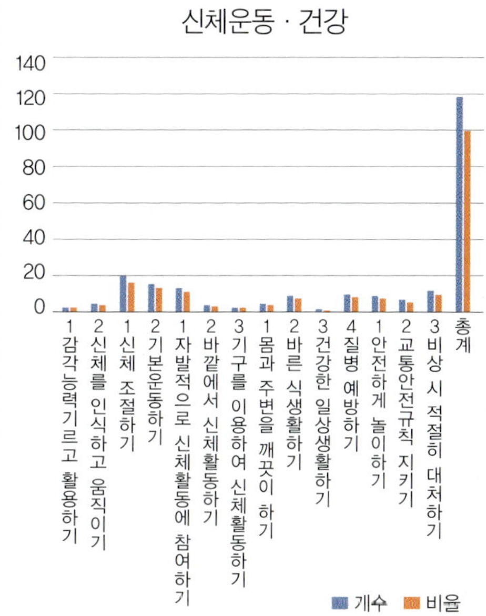


- 누리과정 영역별 1학기 교육활동 분석
  - 영역별 운영 정도에 따라 1학기 평가를 하고 2학기에 대한 계획을 수립한다.

**누리과정영역별 교육활동 1학기 실행결과 분석 및 2학기 계획**

만 3세 병아리반

| | 신체운동 · 건강 | 의사소통 | 사회관계 | 예술경험 | 자연탐구 |
|---|---|---|---|---|---|
| 1 기준 | 30% | 10% | 30% | 20% | 10% |
| 1학기 실행결과 | 34% | 9% | 23% | 21% | 13% |
| 2 평가 및 계획 | ▶ 만 3세는 신체활동을 통한 대·소근육 능력 증진과 기본생활습관 형성이 중요한 시기이므로 신체운동·건강의 1학기 중 신체운동·건강 영역의 비중이 높게 실시되었음. 2학기에도 유아의 신체능력증진을 위한 활동과 건강, 안전교육을 지속적으로 실시할 것임<br>▶ 사회관계 영역은 1학기 초 관찰 결과, 교사가 목표한 발달수준에 이미 도달한 유아의 수가 많았으므로 기존의 관련 활동이 생략되거나 개별지도로 이루어진 경우가 많았음<br>▶ 2학기에는 의사소통 영역과 사회관계 영역에 좀 더 중점을 두고 유아들의 학습을 지원하기 위한 교육활동을 계획 및 실시하고자 함 | | | | |

1. 연간교육계획 시 연령의 특성을 고려하여 설정한 누리과정 5개 영역 실시 비중을 기준으로 삼기

2. 1학기 실행 결과 비율을 기준과 비교하며 평가하고 2학기 교육계획 시 반영 사항 생각하기

• 누리과정 영역별 1년 교육활동 분석

- 해당 학년도를 마친 후 1학기 종료 시 실시했던 것과 동일한 방식으로 교육과정을 분석하여 1년간의 교육과정 전반을 평가한다. 해당 연령의 발달적 특성을 고려하여 계획한 누리과정 5개 영역의 비중을 실제 실행한 비율과 비교하여 이유를 분석하고 적절성 여부를 평가하여 다음 학년도 교육계획 시 반영한다. 세부내용별 교육활동 백분율은 해당 연령에서 보다 초점을 두고 교육한 내용이 무엇인지 알 수 있게 해주는 지표가 될 수 있다.

  교사는 이 지표를 참고하여 유지 또는 변경할 사항을 결정하고 다음 해 연간교육계획에 반영한다.

**2016학년도 누리과정 영역별 교육활동 분석**

만 3세 병아리반

| | 신체운동 · 건강 | 의사소통 | 사회관계 | 예술경험 | 자연탐구 |
|---|---|---|---|---|---|
| 기 준 | 30% | 10% | 30% | 20% | 10% |
| 2016학년도 실행 결과 | 30% | 10% | 24% | 22% | 14% |
| 1학기 실행 결과 | 34% | 9% | 23% | 21% | 13% |
| 2학기 실행 결과 | 25% | 12% | 25% | 22% | 16% |

| 영역 | 내용범주 | 내 용 | 1학기 | | 2학기 | | 2016계 |
|---|---|---|---|---|---|---|---|
| | | | 활동 수 | % | 활동 수 | % | % |
| [신] 신체운동 · 건강 | 1 신체 인식하기 | 1 감각능력 기르고 활용하기 | 4 | 5.1 | 2 | 3.0 | 4.1 |
| | | 2 신체를 인식하고 움직이기 | 5 | 6.3 | 1 | 1.5 | 4.1 |
| | 2 신체 조절과 기본운동하기 | 1 신체 조절하기 | 9 | 11.4 | 7 | 10.4 | 10.9 |
| | | 2 기본 운동하기 | 11 | 13.9 | 8 | 11.9 | 13.0 |
| | 3 신체활동에 참여하기 | 1 자발적으로 신체활동에 참여하기 | 4 | 5.1 | 7 | 10.4 | 7.5 |
| | | 2 바깥에서 신체활동하기 | 4 | 5.1 | 5 | 7.5 | 6.1 |
| | | 3 기구를 이용하여 신체활동하기 | 3 | 3.8 | 5 | 7.5 | 5.4 |
| | 4 건강하게 생활하기 | 1 몸과 주변을 깨끗이 하기 | 5 | 6.3 | 2 | 3.0 | 4.7 |
| | | 2 바른 식생활 하기 | 7 | 8.9 | 5 | 7.5 | 8.2 |
| | | 3 건강한 일상생활 하기 | 4 | 5.1 | 8 | 11.9 | 8.2 |
| | | 4 질병 예방하기 | 6 | 7.6 | 1 | 1.5 | 4.7 |
| | 5 안전하게 생활하기 | 1 안전하게 놀이하기 | 6 | 7.6 | 2 | 3.0 | 5.4 |
| | | 2 교통안전 규칙 지키기 | 2 | 2.5 | 4 | 6.0 | 4.1 |
| | | 3 비상 시 적절히 대처하기 | 9 | 11.4 | 10 | 14.9 | 13.0 |

1 연간교육 계획 시 설정한 해당 연령의 누리과정 영역별 비율과 실제 실행한 비율을 비교하여 적절성 여부를 판단하고 다음 연간교육계획 시 반영하기

2 세부내용별 교육활동 백분율을 통해 초점을 두고 교육한 내용을 파악한 후 다음 연간교육계획 시 유지 또는 변경할 사항을 결정하기

## 2. 유아 평가

### 가. 기존 유아 평가의 문제점

- 교사의 교육활동과 유아의 학습이 연계되지 않아 가르치는 것과 배우는 것 사이의 격차가 존재한다.
- 유아의 학습과 누리과정의 목표가 연계되지 않아 교육의 책무성을 확인하기 어렵다.
- 유아들의 발달 및 학습의 과정을 추적하여 적시에 지원하기 어렵다.

### 나. 수정을 위한 준비

① 교육과정 내용의 평가기준 적용하기

- 교육과정의 목표가 달성되고 유아들이 적절한 수준의 발달과 학습을 성취하였는지 확인할 수 있도록 평가기준을 적용하였다.
- 평가기준은 육아정책연구소(2014)가 개발한「3/4/5세 누리과정 유아관찰척도」를 기초로 하였다. 누리과정의 세부내용 자체가 이미 성취기준을 포함하고 있는 경우도 있고, 지나치게 세분화된 경우 평가가 용이하지 않아 내용수준에서 통합하여 기준을 적용하였다.
- 유아의 학습 정도는 평가기준별로 3수준으로 표기하였으며 학년말에는 모든 기준에서 3수준에 도달하는 것을 목표로 삼았다.

▶ [신] 신체운동 · 건강 영역

| 내 용 | 세부 내용 | 평가기준(평가 요소) | 1 | 2 | 3 |
|---|---|---|---|---|---|
| 1-1 감각능력 기르고 활용하기 | 1 감각으로 대상이나 사물의 특성과 차이를 구분한다. | 감각으로 대상이나 사물을 구분한다.(감각을 통한 식별력, 자발성) | | | |
| 1-2 신체를 인식하고 움직이기 | 1 신체 각 부분의 특성을 이해하고 활용하여 움직인다. | 신체의 명칭과 기능을 알고 활용하여 움직인다.(신체명칭과 기능에 대한 이해력, 자발성) | | | |
| 1-2 신체를 인식하고 움직이기 + | 2 자신의 신체를 긍정적으로 인식하고 움직인다. | 자신의 신체적 특성이나 다른 사람과의 신체적 능력 차이를 긍정적으로 이해한다.(신체자아상, 신체 능력의 다양성에 대한 이해력) | | | |
| 3-1 자발적으로 신체활동에 참여하기 | 3 자신과 다른 사람의 운동능력의 차이를 이해한다. | | | | |

1 평가 요소를 고려한 평가기준을 바탕으로 유아의 발달을 1, 2, 3수준으로 평가하기

② 일일교육계획안 수정하기

- 평가란 항목 세분화하기
  - 교사가 교사의 교수뿐만 아니라 유아의 학습에도 초점을 두어 교육활동을 평가할 수 있도록 시각적 비계설정을 위해 기존 평가란의 형식을 수정하였다.

◆ 변경 전

| 평 가 |
|---|
| |

▶▶

◆ 변경 후

| 평 가 | |
|---|---|
| 교사의 일과 운영 | 유아의 학습 |
| | |

| 시간/ 활동명 | 활동 목표 | 활 동 내 용 | 준비물 및 유의점 | 평 가 | |
|---|---|---|---|---|---|
| | | | | 교사의 일과 운영 | 유아의 학습 |
| 10:40~ 이야기 나누기 '태극기' | [사 5-2-1]<br>• 우리나라의 상징인 태극기에 담긴 뜻과 정신을 이해한다.<br>• 태극기를 대하는 예절을 알고 실천하는 능력을 기른다. | ◎ **이야기나누기 '태극기'**<br>• 자리정돈 및 주의집중: 수수께끼 알아맞히기<br>• 우리나라의 상징 중 태극기에 대해 이야기나누기<br>- 지난 주, 올림픽에서 경기를 하는 선수들을 보았음. 이렇게 여러 나라 사람들이 모여 있을 때 누구나 쉽게 어느 나라인지 알아볼 수 있게 하기 위해 그 나라를 나타내는 '국기'를 만들어 사용함<br>• 태극기의 모양 살펴보기<br>• 태극기의 각 모양의 명칭과 뜻에 대해 이야기나누기<br>- 태극기에는 우리나라 사람들이 중요하게 생각했던 정신(마음, 생각)이 담겨 있음<br>- 태극의 빨간색은 밝음과 태양을 뜻하고 파란색은 희망을 뜻함<br>- 태극기의 4괘에는 봄, 여름, 가을, 겨울 / 하늘, 땅, 태양, 달 / 동, 서, 남, 북의 뜻이 들어 있음. 또한 우리 조상들이 중요하게 생각했던 정신과 사람들과 함께 지낼 때 지켜야 할 약속인 인, 의, 예, 지의 뜻이 담겨 있음<br>• 태극기에 대한 예의와 태극기를 대하는 태도에 대해 이야기나누기 | • 이야기 나누기 자료 (PPT), 컴퓨터, 스크린, 포인터, 리모컨 | [사 5-2-1]<br>• 이야기나누기에 사용한 파워포인트 자료가 유아들이 태극기에 담긴 뜻을 이해하는 것을 돕기에 적합하였음 | [사 5-2-1]<br>• 유아들이 4괘의 뜻을 처음 접했음에도 그 뜻에 대해 높은 관심을 보이며 계속 기억하고 싶어함. 이에 언어 영역 벽면에 관련 자료를 게시하여 유아들이 원할 때 보면서 학습을 지속할 수 있도록 지원해야겠음 |

- 누리과정 교육내용 기호 표기하기
  - 교육목표와 유아의 학습이 동일한 맥락에서 연계될 수 있도록 평가란에도 누리과정 세부내용의 기호를 표기하였다.

| 시간/활동명 | 활동 목표 | 활동 내용 | 준비물 및 유의점 | 평가 | |
|---|---|---|---|---|---|
| | | | | 교사의 일과 운영 | 유아의 학습 |
| 13:30~ 이야기 나누기 '아나 바다 운동' | [사 4-3-5]<br>• 아나바다 운동의 의미를 안다.<br>• 아나바다 운동 방법을 알고 실천한다. | ◎ 이야기나누기 '아나바다 운동'<br>• 자리정돈 및 주의집중: 초성 보고 글자 알아맞히기<br>• 아나바다 운동의 의미 알아보기<br>- 아나바다는 우리 주변의 물건들을 낭비하지 말고 절약해서 소중하게 사용하자는 약속임<br>- 각 글자에는 숨은 뜻이 있음(아껴 쓰기, 나눠 쓰기, 바꿔 쓰기, 다시 쓰기)<br>• 아껴 쓰기, 나눠 쓰기, 바꿔 쓰기, 다시 쓰기의 의미와 방법에 대해 이야기나누기<br>• 바자회 · 벼룩시장 준비 계획하기<br>- 이화유치원 어린이들의 의견을 모아 바자회와 벼룩시장에서 판매할 물건을 정하였음<br>- 바자회와 벼룩시장을 준비하려면 무엇을 해야 할까요? 어떤 역할이 필요할까요?<br>- 바자회, 벼룩시장 준비를 하기 위한 모둠 정하기 | • 화이트 보드, 보드마커, 이야기 나누기 자료 (아나바다 실천방법과 관련된 사진) | [사 4-3-5]<br>• 유아들이 뜻을 유추하여 생각을 표현할 수 있도록 '아나바다'의 초성을 적어 활동을 전개하면서 자원을 아끼는 습관을 강조함. 이 방법이 유아의 관심을 높이고 '아나바다'의 뜻을 알아보고 익히는데 적극적으로 참여하도록 하였음 | [사 4-3-5]<br>• 아나바다의 뜻과 실천방법에 대한 자신의 생각을 말함 |

1

[사 4-3-5] 2

· 처음에 교사가 '아나바다' 중 환경을 보호하는 방법과 관련해서 '아'가 의미하는 바에 대해 물어보았을 때, 아이스크림(김○○), 아나콘다(박△△) 등과 같이 환경보호와 관계없는 대답이 나오기도 했음. 그러나 교사가 지속적으로 질문의 의도를 밝히자 아름다운 지구를 만들자(이◇◇), 아껴쓰기(최□□)와 같이 주제에 맞는 대답이 나옴. 그 후 유아들이 '아나바다'의 각각 뜻에 대한 자신의 생각을 예를 들어 설명하며 아나바다 운동의 의미를 이해함

-교사: 아껴 쓰기란 무엇인가요?
-유아 1: 쓰레기를 함부로 버리지 않는 거요.
-교사: 쓰레기를 버리지 않는 것도 환경을 보호할 수 있는 방법이에요. 그런데 쓰레기를 버리지 않는 것이 아껴 쓰기일까요?
-유아 2: 아, 전기를 아껴 쓰는 거요.
-유아 3: 물을 아껴 쓰는 거요.
-유아 4: 장난감이요.
-교사: 아껴 쓴다는 건 어느 정도로 쓰는 것을 말할까요?
-유아 5: 적당히요.
-유아들: 필요한 만큼이요.
-유아 6: 나눠 쓰기는 누구한테 과자가 10개 있는데, 친구한테 나눠주는 게 나눠 쓰기에요.
-유아 7: (바꿔 쓰기) 누구는 조랑말을 뽑았는데, 인형을 갖고 싶으면 인형을 뽑은 친구와 바꿔 쓰는 거예요.
-유아 8: (다시 쓰기) 종이가 있었는데, 찢어졌는데 버리지 않고 다시 쓰는 거예요.

· 유아들의 대답을 통해 활동 실시 전에 환경보호에 대해 가지고 있던 생각을 '아나바다'에 맞게 분류하여 생각하는 능력을 기르게 되었음을 볼 수 있음. 활동을 통해 알게 된 지식을 생활 속에서 실천하는 능력을 기를 수 있도록 일과 중 지속적으로 유아들의 환경보호 실천을 관찰하고, 긍정적 행동을 격려하는 지도방법을 사용하고 있음. 특히 유아들이 물을 낭비하는 경향이 있으므로 물 사용량에 대해 측정하는 탐구 · 조사활동을 소집단으로 실시해 보는 것이 좋겠음

1 2 개별 유아 평가 시에도 교사의 교수와 유아의 학습이 실제로 이루어진 누리과정 내용을 기호로 검색, 누리과정 5개 영역에 대한 학습과 평가가 고르게 이루어지고 있는지 점검하기

- 일일교육계획안에 개별 유아 관찰내용 기록
  - 개별 유아에 대한 평가는 교사의 단편적인 경험이나 느낌에 의해 모호하고 추상적으로 실시되지 않도록 주의해야 한다. 매일 이루어지는 평가가 개별 유아를 총괄적으로 평가하는 구체적인 기초 자료가 되도록 일일교육 평가 시 개별 유아의 발달과 학습을 나타내는 직접발화, 활동결과물, 활동사진 등을 함께 첨부하여 작성한다. 이 내용은 교육활동 목표, 평가 시 기입하는 누리과정 세부내용의 기호를 동일하게 사용하여 연계되도록 한다.

| 학급명 | 무궁화반(만 5세) | 날짜 | 2016년 3월 15일 화요일 | 수업일수 | 5/184일 |
|---|---|---|---|---|---|

| 누리과정 영역 및 내용 | | | 목표 |
|---|---|---|---|
| [신] 신체운동 · 건강 | 4 건강하게 생활하기 | 3 건강한 일상생활하기 | 새롭게 시작하는 무궁화반 생활에 적응하며 즐거운 마음을 갖는다. |
| [의] 의사소통 | 1 듣기 | 4 바른 태도로 듣기 | 다른 사람의 이야기를 끝까지 주의 깊게 듣는 태도를 기른다. |
| [사] 사회관계 | 4 다른 사람과 더불어 생활하기 | 3 사회적 가치를 알고 지키기 | 무궁화반에서 함께 지내기 위해 필요한 약속을 알고 이를 지킨다. |

| 생활주제 | 즐거운 유치원 | 주제 | 무궁화반의 선생님과 친구들 |
|---|---|---|---|
| 일일 시간표 | 9:00~ 등원 및 실내 자유선택활동<br>10:05~ 정리정돈<br>10:20~ 간식 '딸기3, 어린이치즈1'<br>10:40~ 실외 자유선택활동<br>11:30~ 정리정돈 및 화장실 다녀오기 | | 11:40~ 이야기나누기 '안전한 등·하원'<br>12:00~ 점심식사<br>13:00~ 실내 자유선택활동<br>13:25~ 신체활동 '유연성 기르기'(유희실)<br>13:45~ 평가 및 귀가지도 |

| 시간/활동명 | 활동목표 | 활동내용 | 준비물 및 유의점 | 평가: 교사의 일과 운영 | 평가: 유아의 학습 |
|---|---|---|---|---|---|
| 9:00~ 등원 및 실내 자유선택 활동 | [사 4-3-2]<br>• 무궁화반에서 지내기 위해 필요한 것을 알고 스스로 실천하는 기술을 익힌다.<br>• 교실 내 흥미영역의 특징과 놀잇감의 종류를 안다.<br>• 자신이 선택한 흥미영역에서 놀이를 계획, 실행하는 능력을 기른다. | • 등원 및 배꽃 이름표 달기, 인사나누기<br>• 기본생활습관 지도하기<br>- 바르게 인사하기, 실내에서 걸어 다니기, 적절한 크기의 목소리로 이야기하기<br>• 각 흥미영역에서 실내 자유선택활동하기<br>[쌓기] 여러 가지 블록으로 구성하기<br>[역할] 가족놀이하기<br>[언어] 그림책 읽기/ 이름 글자 읽고 쓰기<br>[수 · 조작] 수 · 조작교구, 그룹게임하기 | * 배꽃 이름표는 유아 개인장에 두고 등원 시 학부모가 가슴에 달아준다.<br>* 월요일 일안 참고 | | [사 4-1-1]<br>• △△, ☆☆: △△가 비행기를 접기 어려워하자 ☆☆가 도와줌 |

**1**

[사 4-1-1]
- △△: 비행기 못 접겠어요. 도와주세요. 선생님.
  ☆☆: 내가 도와줄까?
  △△: 어떻게 접는 거야?
  ☆☆: 내가 도와줄게!
- ☆☆는 친구에게 도움이 필요할 경우 자신이 도울 수 있는 과제일 때 교사의 권유 없이도 자발적으로 도움을 줄 수 있음. 교사는 ☆☆에게 이에 대해 격려함. 친구에게 이야기할 때 완곡하고 부드럽게 말하는 방법이 더 자연스러워지도록 개별적으로 계속 지원할 것임.

**2**

김☆☆ [사-4-1-1]

**1**

개별 유아의 발달과 학습을 나타내는 직접발화를 일일교육계획안 평가란에 한글 프로그램의 메모 기능을 사용하여 기록하기
기록한 내용에 해당하는 누리과정 세부내용의 기호를 표기하기

**2**

- 평가란에 기입한 내용과 관련된 사진은 일일교육계획안 파일 하단에 유아명, 누리과정 세부내용 기호와 함께 첨부하기
- 유아 개별 사진 폴더에도 동일한 사진을 저장하여 이후 포트폴리오 작성 시 활용하기

## 다. 수정된 유아 평가

### ① 누리과정에 기초한 유아의 학습 결과 확인

유아들의 학습을 지속적으로 점검하여 개별 유아에게 적합한 지도를 실시할 수 있도록 생활주제 종료 시기마다 개별 유아에 대한 매일의 평가를 종합한 후 누리과정 평가도구에 기초하여 유아의 학습 결과를 확인한다.

### 교육과정에 기초한 유아 학습 결과 확인표

▶ [신] 신체운동 · 건강 영역

<table>
<tr><th colspan="2">내용 및 평가문항</th><th>생활주제</th></tr>
<tr><th>내용</th><th>세부 내용</th><th>2 평가기준(평가 요소)</th></tr>
<tr><td>1-1<br>감각능력<br>기르고 활용하기</td><td>1 감각으로 대상이나 사물의 특성과 차이를 구분한다.</td><td>감각으로 대상이나<br>사물을 구분한다.<br>(감각을 통한 식별력, 자발성)</td></tr>
<tr><td>1-2<br>신체를<br>인식하고 움직이기</td><td>1 신체 각 부분의 특성을 이해하고 활용하여 움직인다.</td><td>신체의 명칭과 기능을 알고<br>활용하여 움직인다.<br>(신체명칭과 기능에 대한<br>이해력, 자발성)</td></tr>
<tr><td>1-2<br>신체를 인식하고<br>움직이기 +</td><td>2 자신의 신체를 긍정적으로 인식하고 움직인다.</td><td rowspan="2">자신의 신체적 특성이나 다른<br>사람과의 신체적 능력 차이를<br>긍정적으로 이해한다.<br>(신체자아상, 신체 능력의<br>다양성에 대한 이해력)</td></tr>
<tr><td>3-1<br>자발적으로 신체활동에<br>참여하기</td><td>3 자신과 다른 사람의 운동능력의 차이를 이해한다.</td></tr>
<tr><td rowspan="5">2-1<br>신체조절하기</td><td>1 다양한 자세와 움직임에서 신체균형을 유지한다.</td><td rowspan="3">신체 각 부분을 협응하여<br>신체균형을 유지한다.<br>(균형과 조절력)</td></tr>
<tr><td>2 공간, 힘, 시간 등의 움직임 요소를 활용하여 움직인다.</td></tr>
<tr><td>3 신체 각 부분을 협응하여 움직임을 조절한다.</td></tr>
<tr><td>4 눈과 손을 협응하여 소근육을 조절해 본다.</td><td rowspan="2">도구를 사용하여 소근육 활동을<br>수행하고 소근육을 협응한다.<br>(협응력, 소근육 기술, 자발성)</td></tr>
<tr><td>5 도구를 활용하여 여러 가지 조작운동을 한다.</td></tr>
<tr><td rowspan="2">2-2<br>기본운동하기</td><td>1 걷기, 달리기, 뛰기 등 다양한 이동운동을 한다.</td><td rowspan="2">숙달된 이동운동과 제자리<br>운동을 스스로 한다.<br>(운동수행력, 조절력, 자발성)</td></tr>
<tr><td>2 제자리에서 몸을 다양하게 움직인다.</td></tr>
<tr><td rowspan="2">3-1<br>자발적으로 신체활동에<br>참여하기 +</td><td>1 신체활동에 자발적이고 지속적으로 참여한다.</td><td rowspan="3">자발적이고 지속적으로<br>신체활동이나 바깥놀이에<br>참여한다.<br>(자발성, 지속성)</td></tr>
<tr><td>2 다른 사람과 함께하는 신체활동에 참여한다.</td></tr>
<tr><td>3-2<br>바깥에서 신체활동하기</td><td>1 규칙적으로 바깥에서 신체활동을 한다.</td></tr>
<tr><td>3-3<br>기구를 이용하여<br>신체활동하기</td><td>1 여러 가지 기구를 이용하여 신체활동을 한다.</td><td>운동기구나 시설을 자유롭게<br>이용하여 신체활동을 한다.<br>(조절력, 자발성)</td></tr>
</table>

1 무궁화반 김○○

3

| 1학기 | | | | |
|---|---|---|---|---|
| 즐거운 유치원 | 나 | 봄 | 가족과 동네 | 여름 |
| 유아의 학습 정도 | | | | |
| 1<br>3/11 | 1 | 1 | 1 | 1 |
| 일안 | | | | |
| 1<br>3/15 | 1 | 1<br>4/28 | 2<br>6/8 | 2 |
| 일안 | | 일화기록 | 일안 | |
| 1<br>3/24 | 1 | 1 | 2<br>6/8 | 2<br>6/30 |
| 일안 | | | 일안 | 일화<br>기록 |
| 1<br>3/30 | 1 | 1 | 1<br>5/17 | 2<br>6/14 |
| 일화기록 | | | 포트<br>폴리오 | |
| 1<br>4/1, 8 | 1<br>4/22 | 1<br>5/7 | 1<br>5/19 | 2<br>6/22, 27 |
| 유아작품 | 유아작품 | 유아작품 | 유아작품 | 유아작품 |
| 1<br>3/15 | 1 | 2<br>4/28 | 2 | 2 |
| 일안/사진 | | 일화기록 | | |
| 1 | 2<br>3/30 | 2 | 2 | 2<br>6/30 |
| | 일화기록 | | | 일화기록 |
| 1 | 1 | 1 | 2<br>6/8 | 2 |
| | | | 일안/사진 | |

4

1 유아들의 학습 결과표를 개별적으로 작성하는 서식을 정하여 개별 유아의 학습 정도와 발달과정을 한눈에 볼 수 있도록 정리하기

2 육아정책연구소(2014)의 「3/4/5세 누리과정 유아관찰척도」에서 제시하는 평가기준(평가 요소)을 준거로 삼아 평가하기

3 생활주제 종료 시마다 개별 유아의 학습 정도 및 결과를 확인하여 지속적인 점검과 평가가 이루어지도록 하기

4
- 유아의 학습 정도를 1, 2, 3수준으로 표기하기
- 매일 실시된 평가를 기초자료로 사용, 유아의 학습 정도의 근거가 되는 자료의 종류와 자료수집일자를 표기하여 유기적이고 종합적인 평가가 이루어지도록 하기

※ 기초자료: 일안(일일교육계획안 평가), 일화기록, 포트폴리오, 유아작품, 사진 등

② 누리과정에 기초한 포트폴리오 작성

일일교육계획안 평가에 포함된 자료 중 누리과정 5개 영역 내용범주별로 유아의 발달수준의 변화를 나타내기 적합한 내용은 개별 유아의 학습을 평가하기 위한 포트폴리오로 기록, 수합하여 교사의 유아 학습 평가 · 지원자료 및 가정과의 연계 교육자료로 활용한다.

〈일일교육계획안 평가를 활용한 포트폴리오〉

- 일일교육계획안 평가 시 작성한 직접발화, 활동사진 → 포트폴리오(사회관계 영역)

[사 4-2-1]
점심식사 준비를 하는 시간에 ○○이는 역할놀이 영역에서 놀잇감을 가지고 놀고 있었음. ◇◇이가 ○○이에게 도움을 주는 모습이 관찰됨

정◇◇ [사-4-2-1]

[메모]

[사 4-2-1]

- 점심식사 준비를 하는 시간에 ◇◇이가 역할놀이 영역에서 놀이하고 있는 ○○이 곁으로 다가감
  ◇◇: ○○아, 지금 점심 준비할 시간이야.
  ○○: (계속 놀이함. ◇◇이를 보거나 대답하지 않음)
  ◇◇: (조금 더 가까이 다가가서) ○○아, 지금은 노는 시간이 아니잖아. 점심 먹는 시간이야.
  ○○: (놀이를 멈추고 ◇◇이를 보며) 점심 먹는 시간이야?
  ◇◇: 응. 이제 준비해야 돼.
  ○○: (화장실에 손을 씻으러 감)
- 급 · 간식을 위한 준비 시간에 놀이를 하고 있을 경우 교사가 개별적으로 지도해왔음. 그러나 '무리 지어 사는 동물' 주제와 관련하여 유아들의 사회관계 영역 능력 신장을 위한 활동을 실시하며 ◇◇이가 자발적으로 ○○이에게 가서 적절한 방법으로 도움을 주는 변화가 생김

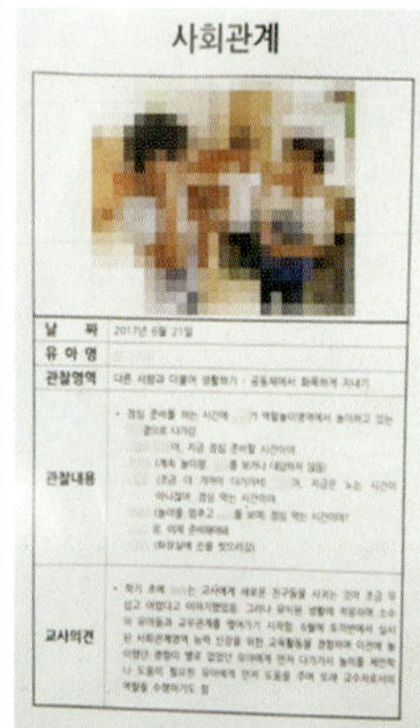


- 일일교육계획안 평가 시 작성한 관찰내용, 활동결과물 → 포트폴리오(예술경험 영역)

[예 1-3-1]
[예 2-3-2]
☆☆이는 식물 화분을 관찰한 후 묘사하여 그림을 그림

김☆☆
[예 1-3-1] [예 2-3-2]

[메모]

[예 1-3-1] [예 2-3-2]

- ☆☆이가 교실 한쪽에 놓아둔 식물 화분에 관심을 보여 관찰하여 그림으로 그려볼 것을 권유하자 교사의 제안을 받아들임. ☆☆이에게 그림을 그리고 싶은 크기를 묻자 실제 화분과 비슷하게 그리고 싶다고 답함. 이에 교사는 전지 크기의 종이를 책상 위에 펼쳐줌. ☆☆이는 채색도구가 있는 장으로 가서 잠시 생각을 하다 파스텔이 담긴 통을 가져옴. 교사가 잎사귀를 관찰하여 한 개를 그리자 이후에 ☆☆이는 스스로 잎사귀와 꽃을 보며 그림을 그림
- 학기 초 ☆☆이는 정형화된 꽃의 형태를 그리는 것을 즐겨하는 반면 사물의 특징을 관찰하고 묘사하는 것을 어려워함. 그러나 오늘은 식물의 생김새를 자세히 살펴보며 색, 모양 등을 탐색하고 그림 그리기에 필요한 자료를 스스로 선택하여 묘사하는 발전된 모습을 나타냄

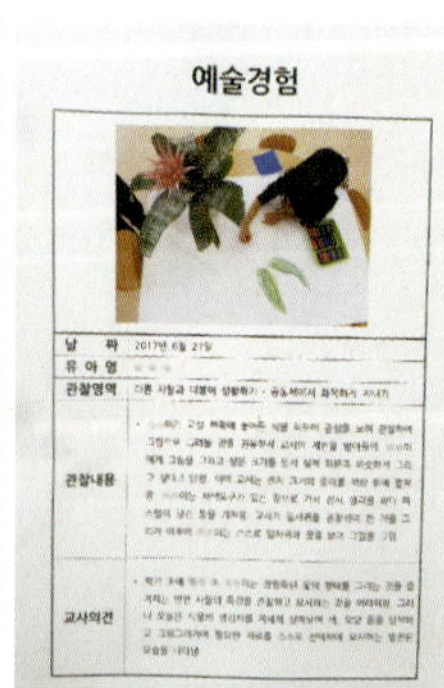

③ 유아의 학습 결과에 기초한 학기별 교육계획

1학기 종료 후 개별 유아의 '누리과정에 기초한 학습 결과 확인표'를 토대로 하여 5개 영역별로 종합적인 수준을 총 평가한다. 영역 내 평가문항별 1, 2, 3수준 유아의 비율을 백분율로 환산한다. 이는 2학기 교육계획 시 유아들의 학습수준에 따라 교육과정의 내용수준을 결정하고 수준별 유아에게 적절한 교수방법을 고민하기 위한 기초자료로 활용될 수 있다.

1 ▶ [신] 신체운동 · 건강 영역

| | 유아 1 | 유아 2 | 유아 3 | 유아 4 | 유아 5 | 유아 6 | 유아 7 | 유아 8 | 유아 9 | 유아 10 | 유아 11 | 유아 12 | 유아 13 | 유아 14 | 유아 15 | 유아 16 | 유아 17 | 유아 18 | 유아 19 | 유아 20 | 유아 21 | 유아 22 | 유아 23 | 유아 24 | 유아 25 | 유아 26 | 1수준 | 2수준 | 3수준 | |
|---|---|---|---|---|---|---|---|---|---|---|---|---|---|---|---|---|---|---|---|---|---|---|---|---|---|---|---|---|---|---|
| 1 | 3 | 3 | 3 | 3 | 3 | 3 | 3 | 3 | 3 | 2 | 3 | 3 | 2 | 3 | 3 | 2 | 3 | 3 | 3 | 3 | 3 | 2 | 2 | 3 | 3 | 3 | 0.0 | 19.2 | 80.8 | 100 |
| 2 | 3 | 2 | 3 | 3 | 2 | 2 | 2 | 2 | 3 | 2 | 3 | 2 | 2 | 3 | 3 | 2 | 3 | 3 | 2 | 3 | 3 | 2 | 3 | 3 | 3 | 2 | 0.0 | 50.0 | 50.0 | 100 |
| 3 | 3 | 2 | 2 | 2 | 3 | 2 | 3 | 2 | 2 | 3 | 3 | 2 | 1 | 2 | 2 | 2 | 3 | 3 | 2 | 2 | 3 | 2 | 2 | 3 | 2 | 2 | 3.8 | 65.4 | 30.8 | 100 |
| 4 | 3 | 1 | 3 | 3 | 2 | 2 | 2 | 3 | 3 | 2 | 2 | 2 | 1 | 3 | 3 | 1 | 3 | 3 | 3 | 3 | 3 | 2 | 2 | 3 | 2 | 1 | 15.4 | 38.5 | 46.2 | 100 |
| 5 | 3 | 3 | 3 | 2 | 2 | 3 | 3 | 3 | 3 | 2 | 3 | 3 | 1 | 3 | 2 | 2 | 3 | 3 | 3 | 3 | 3 | 2 | 2 | 3 | 3 | 2 | 3.8 | 30.8 | 65.4 | 100 |
| 6 | 3 | 1 | 3 | 3 | 3 | 2 | 2 | 3 | 3 | 2 | 3 | 2 | 2 | 3 | 3 | 2 | 3 | 3 | 3 | 3 | 2 | 2 | 3 | 3 | 2 | 2 | 3.8 | 42.3 | 53.8 | 100 |
| 7 | 3 | 2 | 2 | 3 | 3 | 1 | 3 | 3 | 3 | 3 | 3 | 3 | 2 | 2 | 3 | 3 | 3 | 2 | 3 | 3 | 3 | 3 | 3 | 3 | 3 | 3 | 3.8 | 19.2 | 76.9 | 100 |
| 8 | 3 | 1 | 2 | 3 | 3 | 3 | 2 | 2 | 3 | 3 | 2 | 2 | 2 | 3 | 3 | 2 | 3 | 2 | 3 | 3 | 3 | 2 | 3 | 3 | 3 | 2 | 3.8 | 38.5 | 57.7 | 100 |
| 9 | 3 | 3 | 3 | 2 | 2 | 2 | 3 | 2 | 3 | 2 | 3 | 3 | 2 | 2 | 2 | 2 | 2 | 3 | 2 | 2 | 3 | 3 | 2 | 3 | 2 | 2 | 0.0 | 57.7 | 42.3 | 100 |
| 10 | 3 | 3 | 3 | 2 | 2 | 2 | 3 | 1 | 1 | 2 | 3 | 1 | 2 | 2 | 3 | 2 | 3 | 3 | 1 | 2 | 3 | 2 | 2 | 3 | 2 | 1 | 19.2 | 42.3 | 38.5 | 100 |
| 11 | 3 | 3 | 3 | 2 | 2 | 2 | 2 | 2 | 2 | 2 | 3 | 2 | 2 | 2 | 2 | 2 | 2 | 3 | 2 | 2 | 3 | 3 | 2 | 3 | 2 | 2 | 0.0 | 69.2 | 30.8 | 100 |
| 12 | 3 | 3 | 3 | 2 | 3 | 2 | 2 | 3 | 3 | 2 | 3 | 3 | 2 | 2 | 2 | 3 | 3 | 3 | 2 | 2 | 3 | 2 | 2 | 3 | 2 | 2 | 0.0 | 50.0 | 50.0 | 100 |
| 13 | 3 | 3 | 3 | 2 | 2 | 2 | 3 | 2 | 3 | 2 | 3 | 3 | 2 | 2 | 2 | 2 | 2 | 3 | 2 | 2 | 3 | 3 | 2 | 3 | 2 | 2 | 0.0 | 57.7 | 42.3 | 100 |
| 14 | 3 | 3 | 3 | 2 | 3 | 3 | 3 | 2 | 3 | 2 | 3 | 3 | 2 | 3 | 2 | 3 | 3 | 3 | 3 | 3 | 3 | 3 | 2 | 3 | 3 | 3 | 0.0 | 23.1 | 76.9 | 100 |
| 15 | 3 | 3 | 3 | 2 | 3 | 3 | 3 | 2 | 3 | 2 | 3 | 3 | 2 | 3 | 2 | 3 | 3 | 3 | 2 | 2 | 3 | 2 | 2 | 3 | 3 | 3 | 0.0 | 38.5 | 61.5 | 100 |

1 학급 유아들의 1학기 학습 결과를 종합하는 서식은 엑셀 프로그램에 누리과정 영역별로 시트를 만들어 수합과 통계 기능을 활용하기

2 누리과정 평가도구의 평가문항은 순서에 따라 번호를 부여하여 간단히 표기하기

3 평가문항별로 유아의 수준을 표기하기

4 평가문항별로 학급 유아수준을 백분율로 환산하기 이 결과를 2학기 교육계획 시 기초자료로 활용하기


4

| 1수준 | 2수준 | 3수준 | |
|---|---|---|---|
| 0.0 | 19.2 | 80.8 | 100 |
| 0.0 | 50.0 | 50.0 | 100 |
| 3.8 | 65.4 | 30.8 | 100 |
| 15.4 | 38.5 | 46.2 | 100 |
| 3.8 | 30.8 | 65.4 | 100 |
| 3.8 | 42.3 | 53.8 | 100 |
| 3.8 | 19.2 | 76.9 | 100 |
| 3.8 | 38.5 | 57.7 | 100 |
| 0.0 | 57.7 | 42.3 | 100 |
| 19.2 | 42.3 | 38.5 | 100 |
| 0.0 | 69.2 | 30.8 | 100 |
| 0.0 | 50.0 | 50.0 | 100 |
| 0.0 | 57.7 | 42.3 | 100 |
| 0.0 | 23.1 | 76.9 | 100 |
| 0.0 | 38.5 | 61.5 | 100 |

▶ [신] 신체운동 · 건강 영역

5

| 내용 | 세부 내용 | 평가기준(평가 요소) | 1 | 2 | 3 | 1학기 평가내용 및 2학기 계획 |
|---|---|---|---|---|---|---|
| 1-1 | 1 | 감각으로 대상이나 사물을 구분한다. (감각을 통한 식별력, 자발성) | 0.0 | 19.2 | 80.8 | - 3수준 유아의 비율이 높고 나머지 유아는 모두 2수준이나 교사가 의도적으로 계획한 교육활동은 부족했으므로 오감각을 다양하게 경험할 수 있는 집단활동을 실시하고자 함 |
| 1-2 | 1 | 신체의 명칭과 기능을 알고 활용하여 움직인다. (신체 명칭과 기능에 대한 이해력, 자발성) | 0.0 | 50.0 | 50.0 | - 2수준 유아(50%)들의 발달지원을 위해 대집단활동, 실외 자유선택활동 시 움직임의 자발성에 초점을 두어 실시할 계획임 |
| 1-2<br>3-1 | 2<br>3 | 자신의 신체적 특성이나 다른 사람과의 신체적 능력 차이를 긍정적으로 이해한다. (신체자아상, 신체 능력의 다양성에 대한 이해력) | 3.8 | 65.4 | 30.8 | - 2수준(65.4%) 및 3수준 유아들의 이해 존중하는 태도 형성을 위해 교사가 긍정적인 피드백, 격려하고자 함<br>- 1수준(●●●) 유아를 위해서는 개별적으로 신체 움직임에 관심을 가지며 즐거운 경험을 할 수 있도록 지도할 것임 |
| 2-1 | 1<br>2<br>3 | 신체 각 부분을 협응하여 신체균형을 유지한다. (균형과 조절력) | 15.4 | 38.5 | 46.2 | - 1학기와 비슷한 비중으로 교육활동을 실시하되 자세 · 움직임 요소를 보다 다양하게 경험하도록 집단활동뿐만 아니라 실외 자유선택활동을 실시하고자 함 |
| 2-1 | 4<br>5 | 도구를 사용하여 소근육 활동을 수행하고 소근육을 협응한다. (협응력, 소근육 기술, 자발성) | 3.8 | 30.8 | 65.4 | - 2수준 유아 및 1수준(●●●)유아를 위해 쌓기놀이 및 수 · 조작놀이 영역에 소근육 발달을 지원할 수 있는 놀잇감/교구를 제공, 언어 및 조형활동(자유선택활동)시 개별적인 상호작용을 통해 지원할 것임 |
| 2-2 | 1<br>2 | 숙달된 이동운동과 제자리운동을 스스로 한다. (운동수행력, 조절력, 자발성) | 3.8 | 42.3 | 53.8 | - 3수준/2수준과 1수준으로 나누어서 집단활동(율동 · 신체활동)을 실시하여 1, 2수준 유아들을 보다 자세하게 단계적으로 지도하기<br>- 1수준(◆◆◆) 유아는 매일 실외 자유선택활동 시 지속적으로 기본운동의 기회를 제공하기 |

| 2학기 중 실시할 활동 목록 |
|---|
| 요리(유아들과 함께할 것 생각해 보기)<br>자선 조형 '색깔 얼음 그림 그리기'<br>요리 '오미자액 담그기'<br>자선 실외 '눈사람 만들기'<br>야외학습<br>자선 음률 '악기 소리 듣고 알아 맞히기' |
| 자선 실외 '높이 뛰며 무릎 굽혀 발 엉덩이에 닿기'<br>자선 실외 '지시에 맞게 신체 부위 움직이기' |
| 자선 실외 '마당 ○바퀴 달리기'<br>자선 실외 '림보하기'<br>자선 실외 '여러 단의 유니바 뛰어넘기'<br>신체활동 '여러 방향의 끈 사이로 지나가기' |
| 자선 실외 '다양한 방법으로 평균대 건너기'<br>자선 실외 '밸런스 시소 위에서 균형 잡기'<br>자선 실외 '네스팅 브릿지 위에서 뛰어내려 탬버린 치기' |
| (가위질 방법 알려주기) |
| 율동 '일곱 번 뛰기'<br>신체활동: '몸으로 표현하기'<br>자선 실외 '여러 가지 이동 동작하기<br>(걷기, 달리기, 두발 모아 뛰기, 뛰어넘기, 말 뛰기, 앵금질, 미끄러지기, 스키핑)'<br>자선 실외 '여러 가지 비이동 동작하기<br>(뻗기, 구부리기, 떨기, 회전하기, 흔들기, 흔들거리기, 꼬기, 떨어지기, 당기기, 밀기, 들어올리기)' |

5 누리과정 영역에 기준하여 실시한 1학기 교육활동 평가의 내용을 반영하여 1학기 교육과정 운영을 평가하고, 유아의 학습을 지원하기 위한 2학기 계획 서술하기

6 평가내용 및 계획에 따라 2학기 중 실시할 구체적인 교육활동 목록을 작성하여 누리과정의 교육내용이 내실 있게 다루어지도록 하기

④ 유아의 학습 총 평가에 기초한 연간교육 계획

앞 장에서 제시한 '누리과정 영역별 1년 교육활동 분석'과 함께 유아의 학습에 대한 총 평가를 실시한다. 교사는 1년의 교육과정을 운영하며 누리과정 유아관찰척도에서 제시하는 평가문항의 1, 2, 3수준을 기준으로 할 때 특별한 경우를 제외하고는 모든 유아가 3수준을

**2016학년도 누리과정 유아관찰척도에 따른 유아 학습 평가**

학급명: 무궁화 · 진달래반

▶ [신] 신체운동 · 건강 영역

| 내 용 | 3 | 4 | 5 | 세부 내용 | 평가기준(평가 요소) |
|---|---|---|---|---|---|
| 1-1<br>감각능력 기르고 활용하기 | ■ | | | 감각적 차이를 경험한다. | 감각으로 대상이나 사물을 구분한다.<br>(감각을 통한 식별력, 자발성) |
| | | ■ | | 감각적 차이를 구분한다. | |
| | | | ■ | 1 감각으로 대상이나 사물의 특성과 차이를 구분한다. | |
| | ■ | | | 감각기관을 인식하고, 활용해 본다. | |
| | | ■ | ■ | 2 여러 감각기관을 협응하여 활용한다. | |
| 1-2<br>신체를 인식하고 움직이기 | ■ | | | 신체 각 부분의 명칭을 알고, 움직임에 관심을 갖는다. | 신체의 명칭과 기능을 알고 활용하여 움직인다.<br>(신체명칭과 기능에 대한 이해력, 자발성) |
| | | ■ | ■ | 1 신체 각 부분의 특성을 이해하고 활용하여 움직인다. | |
| 1-2<br>신체를 인식하고 움직이기<br>+<br>3-1<br>자발적으로 신체활동에 참여하기 | ■ | ■ | ■ | 2 자신의 신체를 긍정적으로 인식하고 움직인다. | 자신의 신체적 특성이나 다른 사람과의 신체적 능력 차이를 긍정적으로 이해한다.<br>(신체자아상, 신체 능력의 다양성에 대한 이해력) |
| | | ■ | | 자신과 다른 사람의 운동능력의 차이에 관심을 갖는다. | |
| | | | ■ | 3 자신과 다른 사람의 운동능력의 차이를 이해한다. | |
| 2-1<br>신체 조절하기 | ■ | | | 신체 균형을 유지해 본다. | 신체 각 부분을 협응하여 신체균형을 유지한다.<br>(균형과 조절력) |
| | | ■ | ■ | 1 다양한 자세와 움직임에서 신체균형을 유지한다. | |
| | ■ | | | 공간, 힘, 시간 등의 움직임 요소를 경험한다. | |
| | | ■ | ■ | 2 공간, 힘, 시간 등의 움직임 요소를 활용하여 움직인다. | |
| | ■ | | | 신체 각 부분의 움직임을 조절해 본다. | |
| | | ■ | ■ | 3 신체 각 부분을 협응하여 움직임을 조절한다. | |
| | ■ | ■ | ■ | 4 눈과 손을 협응하여 소근육을 조절해 본다. | 도구를 사용하여 소근육 활동을 수행하고 소근육을 협응한다. (협응력, 소근육 기술, 자발성) |
| | | | ■ | 5 도구를 활용하여 여러 가지 조작운동을 한다. | |
| 2-2<br>기본 운동하기 | ■ | | | 걷기, 달리기 등 이동운동을 한다. | 숙달된 이동운동과 제자리운동을 스스로 한다.<br>(운동수행력, 조절력, 자발성) |
| | | ■ | ■ | 1 걷기, 달리기, 뛰기 등 다양한 이동운동을 한다. | |
| | ■ | | | 제자리에서 몸을 움직여 본다. | |
| | | ■ | ■ | 2 제자리에서 몸을 다양하게 움직인다. | |

달성하여 졸업 또는 진급하도록 지도하는 것이 바람직하다. 이를 전제로 각 평가문항별로 실시된 교육활동에 대한 총 평가와 다음 학년도 교육계획 시 반영할 사항을 작성한다. 이 내용은 다음 학년도 연간교육계획 수립 시에 활용되는 중요한 자료가 된다.

1 누리과정 평가문항별로 1년 동안 실시한 교육활동에 대해 평가하고
다음 학년도 교육계획 시 반영할 사항을 적기
이 내용을 반영하여 이듬해 연간교육계획 수립하기

1

| 2016학년도 교육활동 실행 결과 총평 | 2017학년도 교육계획 시 반영 사항 |
|---|---|
| • 1학기 평가 결과, 모든 유아들이 2, 3수준이었으며 3수준 유아의 비율이 높았음. 이에 2학기에는 2수준 유아들을 지원할 수 있는 교육활동을 실시하였음 | • 만5세 유아들의 발달특성상 본 내용에 해당하는 교육활동은 대집단으로 계획하기보다 유아들의 수준을 관찰한 뒤 자유선택활동을 통해 자연스럽게 개별지도가 이루어질 수 있도록 하는 것이 적절하겠음 |
| • (위와 동일) | • 2016학년도와 동일하게 '나' 생활주제 중 '나의 몸이 하는 일' 주제를 다루며 관련 교육활동을 실시하는 것이 좋겠음 |
| • 2학기에는 교사가 계획한 교육활동의 비율이 1학기보다 낮아짐. 본 항목에 해당하는 교육활동을 따로 실시하기보다 신체 능력 향상을 지원하는 전반적인 교육활동을 통해 유아들의 신체 자아상 및 신체 능력의 다양성에 대한 이해력 증가를 지원하는 것이 적합하다고 판단했기 때문임 | • 2017학년도에는 본 내용과 관련된 신체활동 및 태도함양 활동을 1, 2학기에 고르게 실시하는 것이 보다 적합하겠음 |
| • 신체운동 · 건강 영역 중 본 내용 관련 활동이 1, 2학기 모두 가장 높은 비율로 실시되었음. 이는 다른 부분에 비해 유아들이 활동에 지속적이며 반복적으로 참여하고 노력해야 이룰 수 있는 내용이기 때문임 | • 2016학년도 1학기 평가를 반영하여 2학기에 실시한 실외 자유선택활동 시의 단계별 신체활동이 유아들에게 효과적이었음. 이에 2017학년도에는 1학기부터 실외 자유선택활동 시간을 활용하여 유아들이 신체조절 능력을 향상시킬 수 있는 기회를 지속적, 반복적으로 제공하는 것이 필요하겠음 |
| • 3수준/2수준, 1수준으로 모둠을 나누어 1, 2수준의 유아들은 단계를 세분화하여 보다 구체적으로 지도함. 2학기에는 1, 2수준 유아들에게 1학기에 경험한 교육활동을 반복적으로 연습할 기회를 제공하였는데 이것이 효과적이었음 | • 학기 초 유아의 기본운동능력을 관찰할 수 있는 다양한 교육활동을 계획하고 이를 바탕으로 사후 교육활동을 전개하는 것이 좋겠음. 교육활동의 전개 방법은 2016학년도를 참고하여 진행함 |

국가수준
교육과정
바로 알기

# Ⅲ. 누리과정 내실화를 위해 유아의 소리에 귀 기울이기

## 1. 유아의 소리에 귀 기울이기

### 1. 교육과정 구성 및 운영의 주체

지금까지는 누리과정을 충실하게 운영하기 위한 교사의 노력 중 교육과정을 바로 이해하고, 이를 토대로 반성적 실천을 하는 부분에 초점을 두고 살펴보았다. 이로 인해 자칫 교사주도의 교육과정으로 오해할 수 있으나, 본원에서 추구하는 교육과정 구성 및 운영의 주체는 교사와 유아이며 이 두 주체가 동일한 수준의 참여를 할 때 의도적인 교수가 이루어진다.

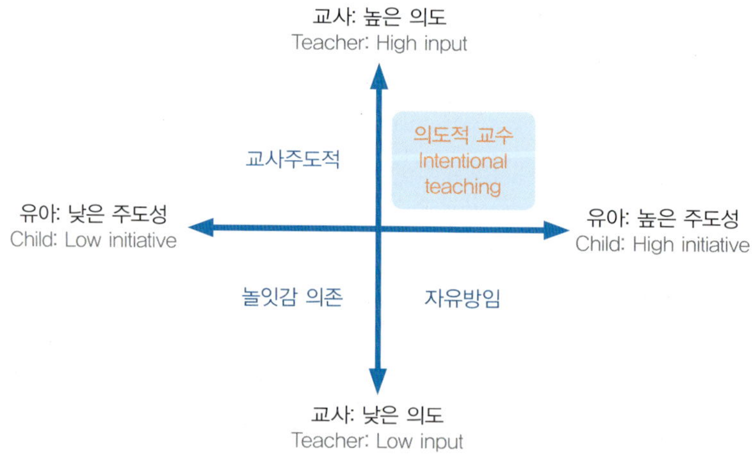


출처: Miller & Almon(2009)

## 2. 교사의 교과교육학적 지식과 유아의 소리

위 그림의 1사분면, 즉 의도적 교수(Intentional teaching)로 표기된 부분을 보다 자세히 살펴보면 다음과 같다.

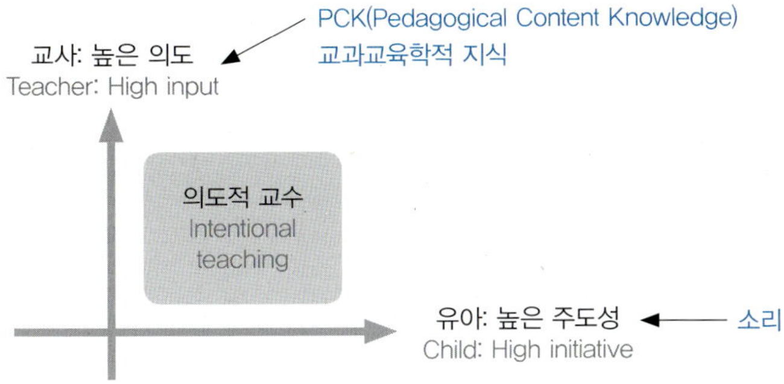


### 가. 교과교육학적 지식

먼저 세로축의 교사의 의도는 교사의 교과교육학적 지식으로 볼 수 있다.

교과교육학적 지식(Pedagogical Content Knowledge)이란 Shulman(1986)이 처음으로 제시한 개념으로 교과 내용을 상황에 적절하게 효과적으로 가르치는 방법에 대한 지식이다. 교사는 가르치기 이전에 누구에게 무엇을, 언제, 어떻게, 왜 가르칠 것인지에 대한 결정을 하는데, 이를 위해서는 가르치는 내용에 대한 지식인 교과내용적 지식과 그것을 누구에게 어떻게 효과적으로 가르칠 수 있는지에 대한 지식인 교수학적 지식이 모두 필요하다. 이 두 가지의 지식이 결합된 것을 교과교육학적 지식이라 한다.

### 나. 유아의 소리

다음으로 가로축의 유아의 주도성은 유아의 소리로 볼 수 있다.

1사분면은 교사의 의도와 유아의 주도성이 함께 증가하는 곳으로, 교사가 교육적 의도를 가지고 교육과정을 운영하지만 학습자를 고려하지 않고 자신이 가지고 있는 교과내용적 지식 혹은 교수학적 지식에 치중하여 교사주도적으로 교육과정이 운영되는 4사분면과 달리, 유아의 목소리도 함께 교육과정에 반영되어 진정한 의미의 의도적 교수가 이루어지는 교육과정 운영의 형태라고 할 수 있다.

의도적 교수의 핵심은 유아교육과정 공동구성자로서 유아의 역할을 충분히 인정하되 그들의 소리를 교육적으로 전환하여 가르치는 순간(teachable moment)을 포착하는 것에 있다.

## 2. 유아의 소리에 귀 기울여 교육과정 운영하기

### 사례: 의사소통 영역 - '가족과 동네' 생활주제를 중심으로

다음은 유아의 소리에 귀 기울여 교육과정을 운영한 사례이다.

2017학년도 진달래반에서 실행된 교육과정으로 '가족과 동네' 생활주제 시 의사소통 영역을 중심으로 소개하고자 한다.

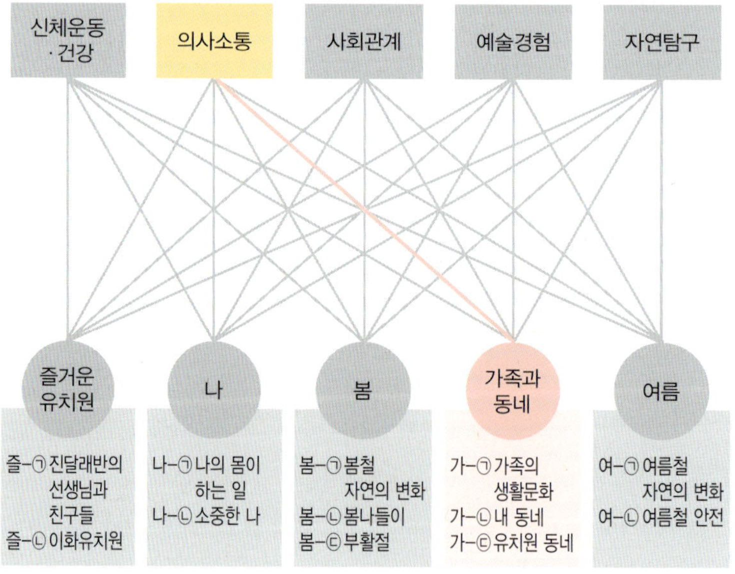

- 누리과정의 의사소통 영역

| 누리과정 영역 | 내용범주 | 내 용 | 세 부 내 용 | 일안표기 기호 |
|---|---|---|---|---|
| [의] 의사소통 | 1 듣기 | 1 낱말과 문장 듣고 이해하기 | 1 낱말의 발음에 관심을 가지고 비슷한 발음을 듣고 구별한다. | [의 1-1-1] |
| | | | 2 다양한 낱말과 문장을 듣고 뜻을 이해한다. | [의 1-1-2] |
| | | 2 이야기 듣고 이해하기 | 1 다른 사람의 이야기를 듣고 이해한다. | [의 1-2-1] |
| | | | 2 이야기를 듣고 궁금한 것에 대해 질문한다. | [의 1-2-2] |
| | | 3 동요, 동시, 동화 듣고 이해하기 | 1 동요, 동시, 동화를 다양한 방법으로 듣고 이해한다. | [의 1-3-1] |
| | | | 2 전래 동요, 동시, 동화를 듣고 우리말의 재미를 느낀다. | [의 1-3-2] |
| | | 4 바른 태도로 듣기 | 1 다른 사람의 이야기를 끝까지 주의 깊게 듣는다. | [의 1-4-1] |
| | 2 말하기 | 1 낱말과 문장으로 말하기 | 1 정확한 발음으로 말한다. | [의 2-1-1] |
| | | | 2 다양한 낱말을 사용하여 상황에 맞게 말한다. | [의 2-1-2] |
| | | | 3 일상생활에서 일어나는 일들을 다양한 문장으로 말한다. | [의 2-1-3] |
| | | 2 느낌, 생각, 경험 말하기 | 1 자신의 느낌, 생각, 경험을 적절한 낱말과 문장으로 말한다. | [의 2-2-1] |
| | | | 2 주제를 정하여 함께 이야기를 나눈다. | [의 2-2-2] |
| | | | 3 이야기 지어 말하기를 즐긴다. | [의 2-2-3] |
| | | 3 상황에 맞게 바른 태도로 말하기 | 1 듣는 사람의 생각과 느낌을 고려하여 말한다. | [의 2-3-1] |
| | | | 2 때와 장소, 대상에 알맞게 말한다. | [의 2-3-2] |
| | | | 3 바르고 고운 말을 사용한다 | [의 2-3-3] |
| | 3 읽기 | 1 읽기에 흥미 가지기 | 1 주변에서 친숙한 글자를 찾아 읽어 본다. | [의 3-1-1] |
| | | | 2 읽어 주는 글의 내용에 관심을 가지고 읽어 본다. | [의 3-1-2] |
| | | 2 책 읽기에 관심 가지기 | 1 책 보는 것을 즐기고 소중하게 다룬다. | [의 3-2-1] |
| | | | 2 책의 그림을 단서로 내용을 이해한다. | [의 3-2-2] |
| | | | 3 궁금한 것을 책에서 찾아 본다. | [의 3-2-3] |
| | 4 쓰기 | 1 쓰기에 관심 가지기 | 1 말이나 생각을 글로 나타낼 수 있음을 안다. | [의 4-1-1] |
| | | | 2 자신의 이름과 주변의 친숙한 글자를 써 본다. | [의 4-1-2] |
| | | | 3 자신의 느낌, 생각, 경험을 글자와 비슷한 형태나 글자로 표현한다. | [의 4-1-3] |
| | | 2 쓰기 도구 사용하기 | 1 쓰기 도구의 바른 사용법을 알고 사용한다. | [의 4-2-1] |

- 생활주제 '가족과 동네' 주간교육계획안

'가족과 동네' 생활주제 중 '가족의 생활문화' 주제를 마무리하고 '내 동네', '유치원 동네' 주제 시작 시 교사가 계획한 주간교육계획안은 다음과 같다.

| 만 5세 진달래반 주간교육계획안<br>2017학년도 5월 5주 - 6월 1주 | | | | 누리과정<br>영역 및 내용 | [신] 신체운동 · 건강<br>[의] 의사소통<br>[사] 사회관계<br><br>[예] 예술경험<br>[자] 자연탐구 | 5 안전하게 생활하기<br>1 듣기<br>5 사회에 관심 갖기<br><br>1 아름다움 찾아보기<br>2 수학적 탐구하기 |
|---|---|---|---|---|---|---|
| 생활주제 | 가족과 동네 | 주제 | 내 동네<br>유치원 동네 | | | |

| 생활주제(주제)<br>시작 계기 | | 유아들은 가족의 생활공간인 집에 대해 알아보며 자신이 살고 있는 집, 동네에 대해 관심을 보임. 이에 '내 동네' 주제를 시작하며 또한 단오를 맞아 우리나라 전통명절인 단오의 의미와 풍습에 대해 알아보고 직접 체험하며 우리나라의 전통문화에 친숙함을 | | |
|---|---|---|---|---|
| 활동 | 요일/날짜 | 월 (29일) | 화 (30일) | 수 (31일) |
| 자유선택활동 | 쌓기놀이 영역 | • 종이벽돌블록, 유니트블록으로 협동구성물 만들기 | | • 탑쌓기블록으로 다양한 형태 구성하기 |
| | 역할놀이 영역 | • 가족 놀이하기(친구와 협력하여 역할을 정하고 가족 놀이하기, 놀이에 필요한 소품 만들기, 놀이상황 설정하여 역할에 맞게 | | |
| | 언어 영역 | • '가족과 동네' 생활주제 관련 그림책(『모두 함께 지은 우리집』, 『할아버지의 약속』 등) 읽기 ---------- | | |
| | 수 · 조작놀이 영역 | • 수 · 조작교구(가족구성원 패턴 구성하기, 그림카드보고 모양 구성하기 등), 그룹게임(비버의 집짓기, 가족들이 사용하는 물건 등) 하기 -- | | |
| | 과학 영역 | • OHP기계 활용하여 놀이하기(여러 가지 물체 올려놓고 투사되는 모양 관찰하기, 투사되는 모양으로 이야기 구성하여 놀이하기 등) - | | |
| | 조형 영역 | • 다양한 미술 자료(종이, 아세테이트지, 자연물, 비닐 등)의 특성(질감, 색, 명암, 모양 등) 알아보기<br>• 조무모님께 드릴 액자 꾸미기 ----------〉 | | • 생일축하 그림 그리기 ---------- |
| | 음률 영역 | • 여러 가지 리듬악기(마라카스, 드럼, 막대탬버린 등) 소리 탐색하기 및 연주하기 | | |
| | 실외 영역 | • 만 4 · 5세 종합놀이터: 그물다리, 흔들다리, 터널 통과하기, 미끄럼틀 타기, 암벽 등반하기<br>• 모래놀이터: 모래 쌓아서 산 만들기, 공사장 놀이하기<br>• 앞마당과 텃밭의 꽃모종, 채소모종에 물주기, 관찰하기 | • 그네 타기<br>• 자전거 타기 | • 네스팅브릿지 오르내리기 |
| 대 · 소집단활동 | 이야기나누기 | • 5분 교통안전교육<br>• 단오의 의미와 풍습 | • 진달래반 어린이들이 가고 싶은 지역사회기관 | • 지도 |
| | 동화 · 동극 · 동시 | | | |
| | 음악 | | | • 나의 하루를(찬양) |
| | 율동 · 신체활동 | • 휘슬러 체조, 우리 체조 | | |
| | 게임 | | • 블록으로 집짓기 | |
| | 탐구 · 조사 | • 창포물에 머리 감기 | • 떡에 수리취 문양 찍기 / 모양 틀로 배 찍기(요리) | • 내가 사는 동네 지도에 표시하기 |
| | 간식 | • 찐감자1/2, 우유 | • 수리취떡1, 오미자차 | • 카스테라1, 우유 |
| | 급식 | • 마파두부덮밥, 감자국, 호두멸치볶음, 깍두기 / 메론 | • 보리밥, 우렁된장국, 닭강정, 애호박나물, 김치 / 방울토마토 | • 잡곡밥, 쇠고기당면국, 팽이버섯계란말이, 근대된장무침, 김치, 김구이 / 사과 |
| | 전이 · 주의집중 | • 음악의 빠르기에 따라 움직이기 | • 기본 도형으로 패턴 구성하기 | • 수수께끼 알아맞히기 |
| | 귀가지도 | • 내일은 아침에 요리를 할 것임. 늦지 않게 오기<br>• 자연재난에 대해 대처하는 방법 알기 | • 일과 평가하기<br>• 내일은 예배를 드릴 것임 | • 예배말씀 잘 기억하고 실천하기<br>• 보행안전약속, 교통안전약속 지키며 귀가하기 |
| 급식조력부모 | | | | |
| 교육행사 · 학사일정 | | ※ 단오활동 | ※ 단오 | ※ 예배 |

| | 목표 | |
|---|---|---|
| 3 비상 시 적절하게 내처하기<br>2 이야기 듣고 이해하기<br>1 지역사회에 관심 갖고 이해하기<br>2 우리나라에 관심 갖고 이해하기<br>2 움직임과 춤 요소 탐색하기<br>2 공간과 도형의 기초개념 알아보기 | 목표 | 재난 및 사고 등 비상 시 적절하게 대처하는 방법을 안다.<br>다른 사람의 이야기를 듣고 이해하는 능력을 기른다.<br>우리 동네에 대해 알아보며 지역사회에 대해 관심을 갖는다.<br>우리나라의 전통문화에 관심을 갖고 알아보며 친숙함을 갖는다.<br>움직임과 춤의 모양, 힘, 빠르기, 흐름 등을 탐색해 본다.<br>기본 도형을 사용하여 여러 가지 모양을 구성하는 능력을 기른다. |

유아들의 동네에 대해 알아보고자 함.
갖고 이를 소중하게 느낄 수 있도록 지도하고자 함.

| 목 (1일) | 금 (2일) | 평가 |
|---|---|---|
| • 레고블록으로 구성물 만들어 전시하기 ----------------------------------------> | | |
| 놀이하기 등) ----------------------------------------> | | |
| > • 가족 구성원 명칭 읽고 글자쓰기----------------------------------------> | | |
| ----------------------------------------> | | |
| ----------------------------------------> | | |
| • 여러 가지 채색도구 활용하여 표현하기 ----------------------------------------><br>----------------------------------------> | | |
| • 악기의 길이, 채에 따라 달라지는 소리 탐색하기 ----------------------------------------> | | |
| • 쌓기: EQ 항균 블록 · 집짓기 블록으로 구성물 만들기<br>• 역할: 동생, 친구들과 함께 음식점 놀이하기 | | |
| • 진달래반 어린이들의 6월 기도문 | • ○○○ · ○○○ 생일축하<br>• 약물 오남용 교육 | |
| | • 현충일(그림동화) | |
| • 종소리 나라 무지개 마을(악기연주) | • 기쁨 주는 생일, 생일축하합니다 | |
| | | |
| | | |
| • 내가 사는 동네 그래프 | | |
| • 유기농두유 | • 브로콜리크림스프, 모닝빵1 | |
| • 잡곡밥, 순두부찌개, 쇠고기장조림, 콩나물무침, 오이김치 / 참외 | • 발아현미밥, 배추된장국, 임연수구이, 시금치나물, 김치, 김구이 / 사과 | |
| • 멜로디 따라 부르기 | • 반댓말 찾기 | |
| • 내일은 ○○와 ○○의 생일축하를 할 것임<br>• 내일 그림책을 빌릴 것임. 빌린 그림책 읽고 가져오기 | • 약물 오남용 교육 내용 회상하기<br>• 주말 지낸 이야기하기<br>• 실내화 가방, 칫솔통, 그림책 가방 가져가기 | |
| | ○○○ · ○○○ | |
| | ※○○○ · ○○○ 생일축하<br>※약물 오남용 교육(서대문구 보건소)<br>※그림책 반납 및 대출 | |

## 1. 자유선택활동 – 역할놀이

### 가. 유아의 소리

유아 1: 저 어제 주차장 가는 길에 작년에 졸업한 ㅇㅇ언니 만났어요. 언니네 엄마께서 아이스크림 사 먹으라고 돈 주셔서 저랑 언니랑 둘이 직접 가게 가서 사 먹었어요. 엄마들은 카페에 앉아 있고 우리끼리만 가게 갔다 왔어요.
유아 2: 언니랑 너랑 둘이 갔다고? 난 가게 혼자 가본 적 없는데….
유아 3: 아이스크림 맛있었겠다.
아 맞다! 근데 선생님 이번엔 역할놀이 영역 어떻게 바꿀 거예요?
이제 회의 다시 해 보면 안 되요?
저 그때 아이스크림 가게에 손들었었는데 아이스크림 가게 만들면 안 되요?
그게 2등으로 정해진 게 아이스크림 가게였다고요.
유아 4: 맞아 아슬아슬하게 2등 했던 거 기억나. 또 어떤 게 표가 많이 나왔더라?
유아 5: 하지만 지금 역할놀이 영역에서도 계속 아이스크림 가게 놀이 했었잖아.
선생님, 그런 곳으로 꾸미면 안 되요?
병원놀이처럼 완전히 지금이랑 다른 놀이를 할 수 있는 곳으로요!

'가족과 동네' 생활주제가 진행되고 있던 시기, 진달래반 유아들은 역할놀이 영역을 새로운 놀이를 할 수 있는 공간으로 구성하길 원했다. 특히 유아 5가 이야기한 바와 같이 몇몇의 유아들은 기존의 역할놀이 영역구성(가정놀이, 가게놀이)에서 하지 못했던 새로운 놀이를 할 수 있는 공간으로 구성하고자 하였다. 교사는 다음과 같은 교과교육학적 지식을 바탕으로 유아의 소리를 적절하게 지원할 방안을 모색하였다.

### 나. 교사의 교과교육학적 지식

#### ① 교육과정에 대한 지식

연간교육 계획 시 서울형 유치원 교육과정을 참고하여 만 5세 특성을 고려한 누리과정 5개 영역별 실시 비중을 설정하였다. 2017학년도 진달래반 교육과정 운영 시 중점을 둘 영역은 의사소통 영역 및 자연탐구 영역이다.

**2017학년도 만 5세 교육과정 편성그래프**

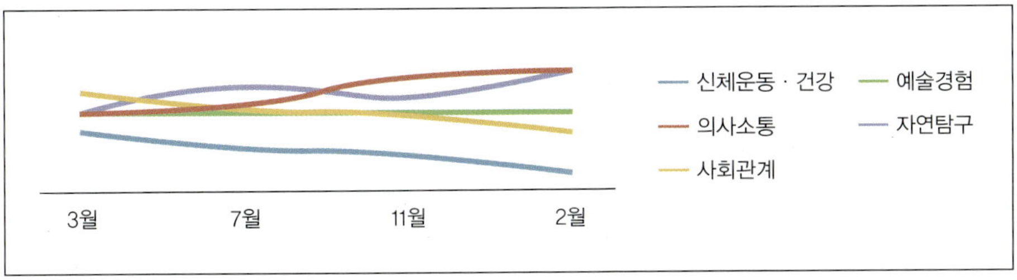


② 학습자에 대한 지식(흥미)

최근 자신의 마음을 그림으로 그리거나 편지로 써서 친구와 주고받는 어린이들이 많아졌다.

③ 학습자에 대한 지식(발달)

학기 초 쓰기와 관련하여 3수준이었던 유아들 중 자신의 이름 외에 엄마, 아빠, 사랑해와 같은 단어의 모양을 외워 쓰기 시작하는 등 쓰기에 대한 관심 및 시도가 높아졌다.

## 다. 교육과정 실행

### ① 이야기나누기: 역할놀이 영역 구성하기

교사는 유아들과 역할놀이를 어떤 공간으로 구성할지에 대해 이야기를 나누었다. '가족과 동네' 생활주제를 진행하며 실시했던 지역사회기관에 대해 알아보는 활동을 회상하며 새롭게 구성할 공간에서 어떤 놀이를 할 수 있는지, 이를 위해 공간을 어떻게 구성할 수 있는지에 초점을 두고 이야기를 나누었다. 동시에 교사는 위에서 제시한 교과교육학적 지식을 바탕으로 역할놀이를 통해 유아들의 의사소통 능력을 지원할 수 있는 방안을 염두에 두고 이야기나누기를 실시하였다.

▼ 주간교육계획안 평가

| 만 5세 진달래반 주간교육계획안<br>2017학년도 5월 5주 - 6월 1주 | | | | 누리과정 영역 및 내용 | [신] 신체운동 · 건강<br>[의] 의사소통<br>[사] 사회관계<br><br>[예] 예술경험<br>[자] 자연탐구 | 5 안전하게 생활하기<br>1 듣기<br>5 사회에 관심갖기<br><br>1 아름다움 찾아보기<br>2 수학적 탐구하기 | 3 비상 시 적절하게 대처하기<br>2 이야기 듣고 이해하기<br>1 지역사회에 관심 갖고 이해하기<br>2 우리나라에 관심 갖고 이해하기<br>2 움직임과 춤 요소 탐색하기<br>2 공간과 도형의 기초개념 알아보기 | 목표 | 재난 및 사고 등 비상 시 적절하게 대처하는 방법을 안다.<br>다른 사람의 이야기를 듣고 이해하는 능력을 기른다.<br>우리 동네에 대해 알아보며 지역사회에 대해 관심을 갖는다.<br>우리나라의 전통문화에 관심을 갖고 알아보며 친숙함을 갖는다.<br>움직임과 춤의 모양, 힘, 빠르기, 흐름 등을 탐색해 본다.<br>기본 도형을 사용하여 여러 가지 모양을 구성하는 능력을 기른다. |
|---|---|---|---|---|---|---|---|---|---|
| 생활주제 | 가족과 동네 | 주제 | 내 동네 유치원 동네 | | | | | | |

| 생활주제(주제) 시작 계기 | 유아들은 가족의 생활공간인 집에 대해 알아보며 자신이 살고 있는 집, 동네에 대해 관심을 보임. 이에 '내 동네' 주제를 시작하며 유아들의 동네에 대해 알아보고자 함. 또한 단오를 맞아 우리나라 전통명절인 단오의 의미와 풍습에 대해 알아보고 직접 체험하며 우리나라의 전통문화에 친숙함을 갖고 이를 소중하게 느낄 수 있도록 지도하고자 함. | | | | | |
|---|---|---|---|---|---|---|

| 활동 | 요일/날짜 | 월 (29일) | 화 (30일) | 수 (31일) | 목 (1일) | 금 (2일) | 평가 |
|---|---|---|---|---|---|---|---|
| 자유선택활동 | 쌓기놀이 영역 | • 종이벽돌블록, 유니트블록으로 협동구성물 만들기 • 탑쌓기블록으로 다양한 형태 구성하기 • 레고블록으로 구성물 만들어 전시하기 -------〉 | | | | | 역할놀이 영역을 새로운 놀이를 할 수 있는 공간으로 구성하길 원하는 유아들이 있음(5/31일안 평가참고). 이에 유아들과 하고 싶은 역할놀이에 대해 이야기 나누는 활동을 진행(6/1실시)하고 새롭게 역할놀이 영역을 구성하고 있음. 최근 유아들의 쓰기에 대한 관심 및 시도가 높아짐을 고려하여 새롭게 구성하는 역할놀이 영역의 놀이(우체국놀이)를 통해 유아들의 의사소통능력(읽기, 쓰기에 중점)을 지원하고자 함. 다음 주 교육계획안 작성 시 이를 반영한 교육목표 및 활동을 계획하는 것이 좋겠음. |
| | 역할놀이 영역 | • 가족 놀이하기(친구와 협력하여 역할을 정하고 가족 놀이하기, 놀이에 필요한 소품 만들기, 놀이상황 설정하여 역할에 맞게 놀이하기 등) ------〉 | | | | | |
| | 언어 영역 | • '가족과 동네' 생활주제 관련 그림책(『모두 함께 지은 우리집』, 『할아버지의 약속』 등) 읽기 -〉 • 가족 구성원 명칭 읽고 글자 쓰기 ------------------〉 | | | | | |
| | 수 · 조작놀이 영역 | • 수 · 조작교구(가족구성원 패턴 구성하기, 그림카드보고 모양 구성하기 등), 그룹게임(비버의 집짓기, 가족들이 사용하는 물건 등)하기 --------〉 | | | | | |
| | 과학 영역 | • OHP기계 활용하여 놀이하기(여러 가지 물체 올려놓고 투사되는 모양 관찰하기, 투사되는 모양으로 이야기 구성하여 놀이하기 등) -----------〉 | | | | | |
| | 조형 영역 | • 다양한 미술 자료(종이, 아세테이트지, 자연물, 비닐 등)의 특성(질감, 색, 명암, 모양 등) 알아보기 • 여러 가지 채색도구 활용하여 표현하기 --〉<br>• 조무모님께 드릴 액자 꾸미기 -------------------------〉 • 생일축하 그림 그리기 ------------------------------------------〉 | | | | | |
| | 음률 영역 | • 여러 가지 리듬악기(마라카스, 드럼, 막대탬버린 등) 소리 탐색하기 및 연주하기 · 악기의 길이, 채에 따라 달라지는 소리 탐색하기 -----------〉 | | | | | |
| | 실외 영역 | • 만 4 · 5세 종합놀이터: 그물 다리, 흔들다리, 터널 통과하기, 미끄럼틀 타기, 암벽 등반하기<br>• 쌓기: EQ 항균 블록 · 집짓기 블록으로 구성물 만들기 • 모래놀이터: 모래 쌓아서 산 만들기, 공사장 놀이하기<br>• 그네 타기 • 네스팅브릿지 오르내리기 • 역할: 동생, 친구들과 함께 음식점 놀이하기<br>• 앞마당과 텃밭의 꽃모종, 채소모종에 물주기, 관찰하기 • 자전거 타기 | | | | | |
| 이야기나누기 | | • 5분 교통안전교육<br>• 단오의 의미와 풍습 | • 진달래반 어린이들이 가고 싶은 지역사회기관 | • 지도 | • 진달래반 어린이들의 하고 싶은 역할놀이 | • ○○○ · ○○○ 생일축하<br>• 약물 오남용 교육 | |

이야기나누기 '진달래반 어린이들이 하고 싶은 역할놀이' 추가

역할놀이 영역을 새로운 놀이를 할 수 있는 공간으로 구성하길 원하는 유아들이 있음(5/31일안 평가 참고). 이에 유아들과 하고 싶은 역할놀이에 대해 이야기 나누는 활동을 진행(6/1실시)하고 새롭게 역할놀이 영역을 구성하고 있음. 최근 유아들의 쓰기에 대한 관심 및 시도가 높아짐을 고려하여 새롭게 구성하는 역할놀이 영역의 놀이(우체국놀이)를 통해 유아들의 의사소통능력(읽기, 쓰기에 중점)을 지원하고자 함.
다음 주 교육계획안 작성 시 이를 반영한 교육목표 및 활동을 계획하는 것이 좋겠음.

② 역할놀이 영역 구성하기

이야기나누기 결과 진달래반 역할놀이 영역은 우체국 놀이를 할 수 있는 공간으로 구성되었다.

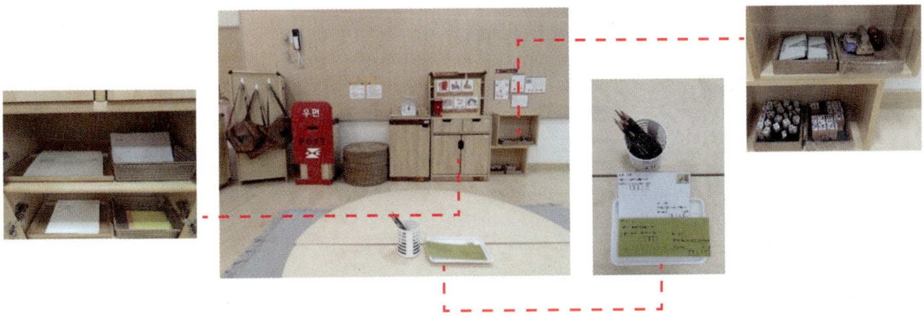

③ 역할놀이하기

진달래반 유아들은 역할놀이 영역에서의 놀이를 통해 의사소통 영역과 관련한 다양한 경험을 할 수 있었다. 그중 교사는 특별히 유아들의 의사소통능력 중 쓰기, 읽기 능력의 발달을 지원하고자 관련된 유아의 소리에 더욱 귀 기울여 관찰하였다.

편지 배달하고 오겠습니다!

오늘 결석한 아연이 편지는 장에 배달해줘야지.

편지 왔습니다!

## 2. 자유선택활동 – 역할놀이, 쌓기놀이

### 가. 유아의 소리

> 유아 1: 선생님, 편지에 동그라미만 그려져 있어요.
>
> 유아 2: 선생님, 또 바빠요?
> 저 지금 답장 써야 하는데 저 혼자 글씨 못 쓰잖아요. 도와주셔야 한다고요.
>
> 유아 3: 선생님, ㅇㅇ이가 매일 똑같은 편지만 줘요.

우체국 놀이를 관찰한 결과, 교사는 위와 같은 유아의 소리가 반복되어 관찰되는 것을 발견하였다. 즉 편지를 쓰고 싶으나 교사의 도움이 없을 경우 전혀 쓸 수 없는 유아, 쓸 수 있는 글자가 한정적이기에 똑같은 편지를 반복해서 쓰는 유아들을 관찰할 수 있었다. 한편 반복된 편지를 쓰는 유아들 중에는 매일 놀이가 이루어지다 보니 편지의 내용을 새롭게 구성하기 어려워하는 유아들도 있었다. 교사는 이러한 유아들을 지원하기 위한 방안을 모색하던 중 다음과 같은 유아의 소리에 주목하게 되었다.

> 유아 1: 개는 개인데 세상에서 가장 아름다운 개입니다. 세 글자입니다. 무엇일까요?
>
> 유아 2: 여기는 통과할 수 없어. 수수께끼를 풀어야 통과할 수 있다니까.
>
> 유아 3: 무슨 수수께끼?
>
> 유아 2: 아 또 내야 하네. 그러니깐 내가 아까 ㅇㅇ오라고 할 때 같이 왔으면 좋았잖아. 다시 설명해줄게. 그러니깐 내가 수수께끼를 내고 네가 맞히면 여기를 통과할 수 있어. 그리고 저기가 출발하는 데야. 여기는 중간이라고. 이제 문제 낸다. 이것은…(중략) 아휴, 매번 새로 누가 올 때마다 새로 말해야 하니까 놀이를 할 수가 없네.
>
> 유아 4: 그럼 우리 써서 붙일까?
>
> 유아 2: 나 글씨 잘 못 쓰는데….

진달래반 유아들 중 몇몇은 쌓기놀이 영역에서 블록으로 미로를 구성하고 미로를 통과하는 놀이를 즐겼다. 미로 통과 시에는 반드시 미로를 구성한 사람의 수수께끼를 풀어야만 하는 규칙이 있다. 그러나 놀이과정에서 새로운 유아가 올 때마다 놀이의 규칙을 설명하고, 수수께끼를 반복하여 내야 하는 점에 대해 불편함을 느끼는 유아들도 있었다.

교사는 역할놀이, 쌓기놀이 과정에서 관찰되는 유아의 소리에 주목하여 진달래반 유아들의 의사소통능력 향상을 지원하고자 하였다.

## 나. 교사의 교과교육학적 지식

### ① 학습자에 대한 지식(흥미 및 발달)

교사는 위와 같은 유아의 소리를 통해 편지쓰기 및 수수께끼에 대한 유아의 흥미를 관찰할 수 있었다. 이와 동시에 놀이 과정에서 진달래반 유아들 중 쓰기에 대한 관심은 있으나 기술적인 측면에서 한계를 느끼는 유아, 쓰기의 필요성에 대해 점차 인식하는 유아들이 있음을 알 수 있었다.

### ② 교육과정에 대한 지식

이를 지원하기 위해 교사는 누리과정에서 제시하는 의사소통 영역의 쓰기 관련 목표를 다시 한번 확인하여 지원수준을 결정하였다. 즉, 놀이 시 유아가 겪는 어려움을 해결할 수 있도록 쓰기와 관련한 교육목표를 설정하였다.

| 누리과정 영역 | 내용범주 | 내 용 | 세 부 내 용 |
|---|---|---|---|
| [의] 의사소통 | 4 쓰기 | 1 쓰기에 관심 가지기 | 1 말이나 생각을 글로 나타낼 수 있음을 안다. |
| | | | 2 자신의 이름과 주변의 친숙한 글자를 써 본다. |
| | | | 3 자신의 느낌, 경험을 글자와 비슷한 형태나 글자로 표현한다. |
| | | 2 쓰기 도구 사용하기 | 1 쓰기 도구의 바른 사용법을 알고 사용한다. |

이후 교육목표(자신의 느낌, 생각, 경험을 글자와 비슷한 형태나 글자로 표현하는 능력을 기른다)를 효과적으로 달성하는 지원방안을 모색하였다.

### ③ 교수학습방법에 대한 지식

글자를 스스로 쓰기 어려워하는 유아를 지원하기 위해 기존에 유치원에 있던 자료를 검토하였다. 그러나 역할놀이 시 사용가능한 자료는 현재 쓰기에 대한 지원이 필요한 유아들 중 스스로 읽는 것이 어려운 유아들이 많기 때문에 현재 진달래반 유아수준에 적합하지 않다고 판단되었다. 결과적으로 색깔로 비슷한 내용을 분류했던 경험을 토대로 기존 자료를 참고하여 자료를 새롭게 제작하기로 하였다. 쌓기놀이 시에는 유아들이 따라 쓸 수 있도록 다양한 종류의 수수께끼 책을 제공하기로 결정하였다.

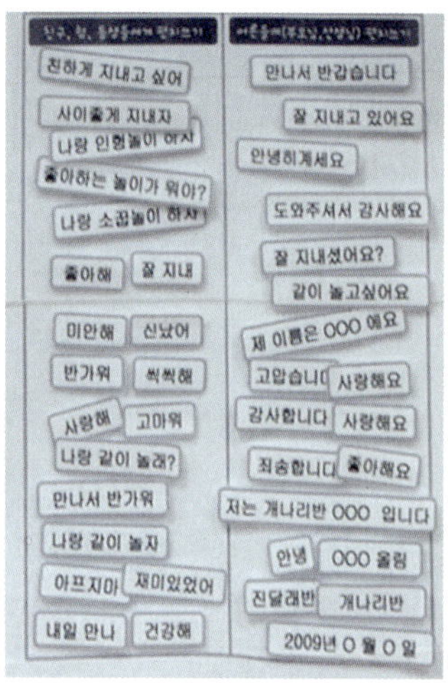


◀ 기존 자료:
유치원에 있던 교재교구 중 우체국 놀이 시 사용하던 자료로, 스스로 글씨를 쓰기 어려워하는 유아들이 따라 쓸 수 있도록 제작되었음.

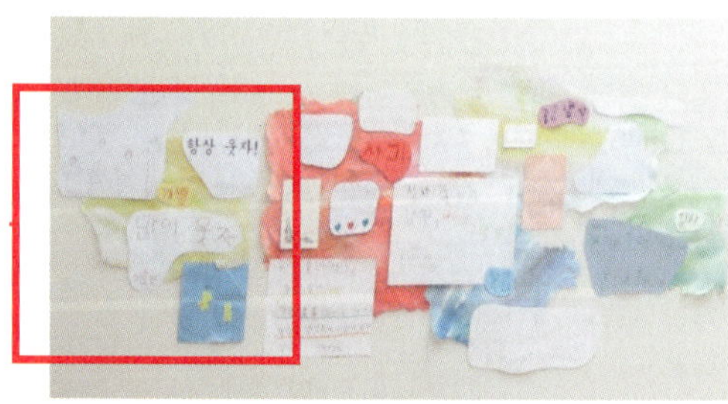

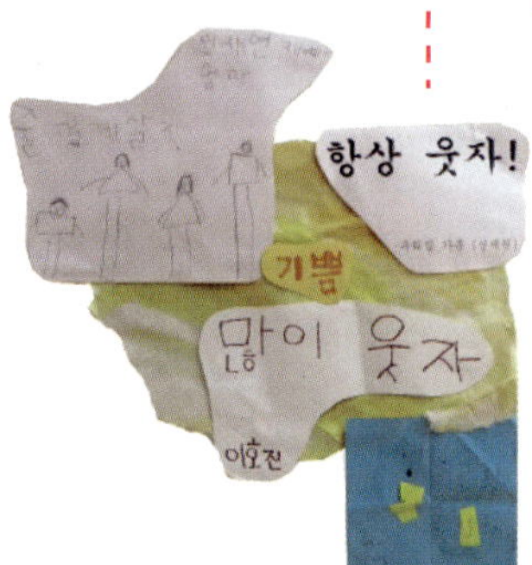


▲ 기존 경험:
'가족과 동네' 생활주제에서 진행된 교육활동 중 가훈에 대해 유아들이 조사해온 것을 비슷한 주제별로 분류하여 게시하였음. 이때 배지의 색깔을 달리하여 내용 구분을 도움.

## 다. 교육과정 실행

### ① 교수자료 제작하기 – 역할놀이

스스로 글자 쓰기를 어려워하는 유아를 지원하기 위해 교사는 유아들이 가장 많이 쓰는 편지 내용을 바탕으로 따라 쓸 수 있는 자료 제작을 계획하고, 유아들과 함께 제작하여 역할놀이 영역에 게시하였다. 게시된 장소 가까이에 빨강, 파랑, 초록, 하얀 종이를 함께 제공해줌으로써 유아가 원할 경우 언제든지 교사의 도움을 받아 내용을 추가로 작성하여 게시할 수 있도록 하였다.

좋아하는
소중한
세상에 하나뿐인

고양이놀이 할 때
모래놀이 할 때
색종이 접기 할 때
만들기 할 때
그림을 그릴 때
엄마놀이 할 때

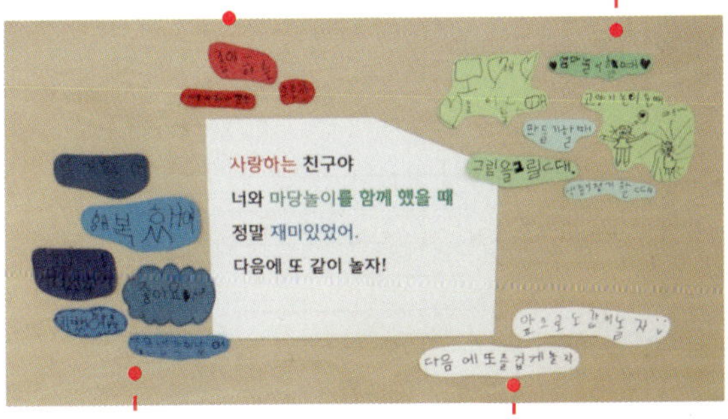


좋아!
즐거웠어.
행복했어.
기뻤어.
신이 났어.
좋은 생각이 났어.

앞으로도 같이 놀자.
다음에 또 즐겁게 놀자.

### ② 교수자료 제공하기 – 쌓기놀이

수수께끼를 풀어 미로 통과하기 놀이를 할 때 수수께끼를 글로 적고 싶으나 스스로 글자 쓰기를 어려워하는 유아를 지원하기 위해 교사는 다양한 종류의 수수께끼 책을 쌓기놀이 영역에 제공하였다. 이와 더불어 유아들이 빈번하게 내는 수수께끼 내용을 고려하여 수수께끼 책은 아니나 수수께끼를 글로 적을 때 참고할 만한 그림책(동물 관련, 지리적 위치 관련, 사물명칭 관련 등)도 함께 제공하였다.

우리 기획(2001). **그림 수수께끼**. 서울: 계림.
이시즈 치히로(2013). **수수께끼를 파는 가게**. 서울: 미세기.
테이지 세타(1994). **오늘은 무슨 날?**. 서울: 한림.
톰 잭슨(2014). **진짜 진짜 재밌는 동물그림책**. 서울: 부즈펌어린이.

### ③ 교수자료 활용하여 놀이하기 – 역할놀이

기존 자료와 달리 색깔로 구분된 게시자료를 참고하여 진달래반 유아들은 스스로 편지를 쓰며 놀이하였다.

ㅇㅇㅇ형아 같이 놀자

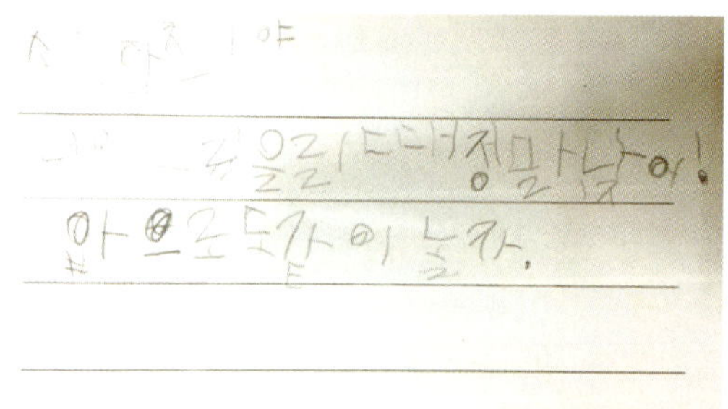

소중한 친구야
너와 그림을 그릴 때 정말 신이 났어!
앞으로도 같이 놀자.

### ④ 교수자료 활용하여 놀이하기 – 쌓기놀이

교사가 제공한 책, 그리고 역할놀이와 연계되어 미로 통과하기 놀이가 진행되었다. 우선 유아들은 수수께끼 책을 보며 수수께끼 문제를 글씨로 써 미로 이곳저곳에 놓았다. 이후 편지를 작성하여 친구들을 미로로 초대하고, 초대된 유아들은 미로에 놓인 수수께끼를 풀며 미로를 통과하며 놀이하였다.

세상에서 가장 빠른 닭은

점 있는 동물

규칙을 찾아 열쇠를 찾아오세요.

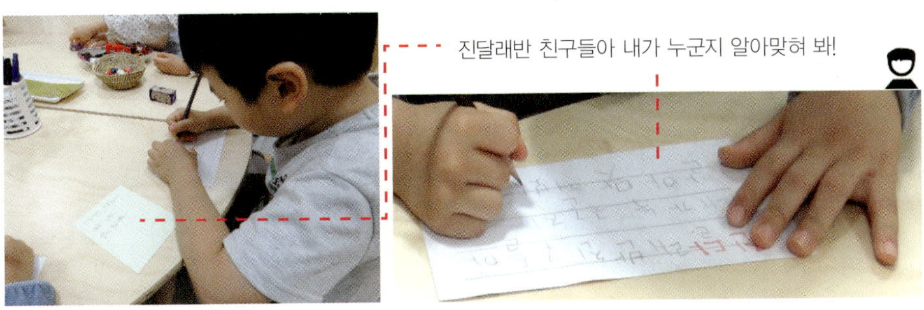

## 3. 대 · 소집단활동 – 동화, 현장학습

### 가. 유아의 소리

역할놀이와 쌓기놀이를 통해 유아들은 '편지' 및 '수수께끼'라는 소재에 높은 흥미를 보였다. 진달래반 유아들의 의사소통 능력 향상을 지원하기 위해 교사는 다음과 같은 교과교육학적 지식을 바탕으로 유아의 소리를 적절하게 지원할 방안을 모색하였다.

### 나. 교사의 교과교육학적 지식

#### ① 교수학습방법에 대한 지식(1)

『수수께끼 대저택』은 이모의 편지를 찾아 편지의 내용대로 저택의 이곳저곳을 구경하는 내용이다. 지리적 위치 및 장소의 특성에 대한 내용은 현재 진행되고 있는 '가족과 동네' 생활주제의 교육내용과, '편지' 및 '수수께끼'라는 소재는 현재 진달래반 유아들의 흥미와 연계된다. 또한 편지 내용이 수수께끼로 구성된 점은 현재 쌓기놀이 및 역할놀이가 연계되어 나타나고 있는 유아들의 놀이(수수께끼를 풀어 미로 통과하기)를 확장하는 동시에 관련된 유아의 학습을 지원하는 좋은 계기가 될 것이라고 판단하였다.

마이클 갈랜드(2002). **수수께끼 대저택**(김경연 역). 서울: 풀빛.

#### ② 교수학습방법에 대한 지식(2)

동화 내용과 관련한 유아들의 흥미를 학습으로 연결할 수 있도록 교사는 지역사회기관의 역할과 기능에 대해 알아보고자 계획되어 있던 이화역사관으로의 현장학습을 진달래반 유아들의 의사소통능력을 증진할 수 있는 기회로 활용하고자 계획하였다.

▶ 수정 전 일일 교육 계획안

| 시간/ 활동명 | 활동 목표 | 활 동 내 용 | 준비물 및 유의점 |
|---|---|---|---|
| 10:30~ 현장 학습1: '이화 역사관' | [사 5-2-2]<br>• 우리나라 전통건물의 특징을 안다.<br>• 이화여자대학교의 역사에 관심을 갖는다. | ◎ **현장학습1 '이화역사관'**<br>• 선생님 앞에 두 줄로 서기(유아 수 확인하기)<br>• 유치원 출발하기<br>• 이화역사관으로 이동하기<br>- 이동경로: 유치원 → 박물관 뒷길 → ECC정원 → 본관 옆 길 → 법학관 → 이화역사관<br>• 이화역사관 건물 살펴보기<br>- 가옥의 재료(나무기둥, 유리창 등) 살펴보기<br>- 가옥의 구조(방, 대청마루 등) 살펴보기 | • 현장학습용 배낭(비상약품, 비상연락망, 휴대전화, 물컵, 물, 디지털 카메라 등) |

▶ 수정 후 일일 교육 계획안

| 시간/ 활동명 | 활동 목표 | 활 동 내 용 | 준비물 및 유의점 |
|---|---|---|---|
| 10:30~ 현장 학습1: '이화 역사관' | [사 5-2-2]<br>• 우리나라 전통건물의 특징을 안다.<br>• 이화여자대학교의 역사에 관심을 갖는다.<br>[사 3-1-2]<br>• 읽어 주는 글의 내용에 관심을 가지고 읽어 본다. | ◎ **현장학습 1 '이화역사관'**<br>• 선생님 앞에 두 줄로 서기(유아 수 확인하기)<br>• 유치원 출발하기<br>• 이화역사관으로 이동하기<br>- 이동경로: 유치원 → 박물관 뒷길 → ECC정원 → 본관 옆 길 → 법학관 → 이화역사관<br>• 수수께끼 풀며 이화역사관 찾아가기<br>• 이화역사관 건물 살펴보기<br>- 가옥의 재료(나무기둥, 유리창 등) 살펴보기<br>- 가옥의 구조(방, 대청마루 등) 살펴보기 | • 현장학습용 배낭(비상약품, 비상연락망, 휴대전화, 물컵, 물, 디지털 카메라 등) |

## 다. 교육과정 실행

### ① 『수수께끼 대저택』 동화 감상하기

동화를 들려주며 교사는 편지의 내용이 유아가 흥미 있어 하는 수수께끼로 구성되어 있으며 편지내용에 따라 장소를 탐색하고 이동해야 함에 주목하여 감상할 수 있도록 지원하였다. 이를 통해 교사는 유아들에게 자신들의 놀이를 회상하는 동시에 읽어 주는 글의 내용에 관심을 가지고 읽어 보는 경험을 제공하고자 하였다.

② 현장학습

『수수께끼 대저택』 동화 내용처럼 수수께끼를 풀며 이화역사관을 찾아갔다. 유아들은 교사의 이야기를 주의 깊게 듣고, 읽어 주는 글의 내용에 관심을 가지고 읽어 보는 경험을 할 수 있었다.

## 4. 대 · 소집단활동 – 문학적 접근법

### 가. 유아의 소리

유아 1: 근데 우리 유치원에 여러 일을 하는 사람들이 섞여 있네요. 경찰은 아니지만 경찰처럼 우리를 지켜주시는 기사님도 계시고, 식당에서 음식을 파시지는 않지만 요리사도 있고, 의사선생님은 아니지만 우리를 치료해주시는 서무선생님도 계시고, 그치요?
유아 2: 기사님은 청소부처럼 청소도 해주셔. 선생님 키보다도 더 큰 빗자루 들고가시는 거 내가 봤어.
유아 3: 우리 엄마는 도서실에서 일하는데…. 물론 맨날은 아니지만….

(계속)

교사: 너희 말이 맞아. 우리 유치원 안에도 여러 사람이 자신이 맡은 일을 나누어 하며 서로 도우며 지내고 있지. ㅇㅇ어머니도 직업은 아니지만, 도서실 사서로 봉사하고 계시고.
유아 4: 사서가 뭐예요?
유아 5: 간식 당번처럼 엄마들도 당번으로 하는 거예요?
유아 6: 얼마 전에 우리도 『수수께끼 대저택』 책 찢어진 것 고쳤잖아요. 그럼 우리도 잠깐 사서가 되었던 거네요.
유아 7: 작년에 저희 엄마가 도서실에서 봉사하셨어요. 그래서 저 바코드 찍는 것 해 봤는데 어렵지 않고 재미있었어요.

한편 '가족과 동네' 생활주제를 진행하며 여러 가지 직업에 대해 알아보는 활동을 하던 중, 진달래반 유아들은 유치원 내에서도 다양한 직업의 사람들이 서로 돕고 있다는 것을 알게 되었다. 특히 얼마 전부터 간식 당번을 시작한 유아들은 자신들처럼 당번으로 그림책 대여를 도와주는 유치원 내 '사서'라는 직업에 높은 관심을 나타냈다.

### 나. 교사의 교과교육학적 지식

#### ① 교육과정 및 교과내용에 대한 지식

교사는 어린이들이 직접 사서가 되어 보는 경험이 의사소통능력을 증진하는 좋은 기회가 될 것이라고 판단하였다. 교사는 사서가 하는 일 중, 유아들이 스스로 할 수 있으며 의사소통능력 발달을 도모할 수 있는 내용을 유목화하였다.

| 누리과정 영역 | 내용범주 | 내 용 | 세 부 내 용 |
|---|---|---|---|
| [의] 의사소통 | 1 듣기 | 1 낱말과 문장 듣고 이해하기 | 1 낱말의 발음에 관심을 가지고 비슷한 발음을 듣고 구별한다. |
| | | | 2 다양한 낱말과 문장을 듣고 뜻을 이해한다. |
| | | 2 이야기 듣고 이해하기 | 1 다른 사람의 이야기를 듣고 이해한다. |
| | | | 2 이야기를 듣고 궁금한 것에 대해 질문한다. |
| | | 3 동요, 동시, 동화 듣고 이해하기 | 1 동요, 동시, 동화를 다양한 방법으로 듣고 이해한다. |
| | | | 2 전래 동요, 동시, 동화를 듣고 우리말의 재미를 느낀다. |
| | | 4 바른 태도로 듣기 | 1 다른 사람의 이야기를 끝까지 주의 깊게 듣는다. |

| 누리과정 영역 | 내용범주 | 내 용 | 세 부 내 용 |
|---|---|---|---|
| [의] 의사소통 | 2 말하기 | 1 낱말과 문장으로 말하기 | 1 정확한 발음으로 말한다. |
| | | | 2 다양한 낱말을 사용하여 상황에 맞게 말한다. |
| | | | 3 일상생활에서 일어나는 일들을 다양한 문장으로 말한다. |
| | | 2 느낌, 생각, 경험 말하기 | 1 자신의 느낌, 생각, 경험을 적절한 낱말과 문장으로 말한다. |
| | | | 2 주제를 정하여 함께 이야기를 나눈다. |
| | | | 3 이야기 지어 말하기를 즐긴다. |
| | | 3 상황에 맞게 바른 태도로 말하기 | 1 듣는 사람의 생각과 느낌을 고려하여 말한다. |
| | | | 2 때와 장소, 대상에 알맞게 말한다. |
| | | | 3 바르고 고운 말을 사용한다. |
| | 3 읽기 | 1 읽기에 흥미 가지기 | 1 주변에서 친숙한 글자를 찾아 읽어 본다. |
| | | | 2 읽어 주는 글의 내용에 관심을 가지고 읽어 본다. |
| | | 2 책 읽기에 관심 가지기 | 1 책 보는 것을 즐기고 소중하게 다룬다. |
| | | | 2 책의 그림을 단서로 내용을 이해한다. |
| | | | 3 궁금한 것을 책에서 찾아 본다. |
| | 4 쓰기 | 1 쓰기에 관심 가지기 | 1 말이나 생각을 글로 나타낼 수 있음을 안다. |
| | | | 2 자신의 이름과 주변의 친숙한 글자를 써 본다. |
| | | | 3 자신의 느낌, 생각, 경험을 글자와 비슷한 형태나 글자로 표현한다. |
| | | 2 쓰기 도구 사용하기 | 1 쓰기 도구의 바른 사용법을 알고 사용한다. |

우선 그림책 반납과 대출을 도와주는 과정을 통해서는 상대방의 이야기를 바른 태도로 듣는 태도, 낱말과 문장으로 말하며 상황에 맞게 바른 태도로 말하는 능력을 향상할 수 있을 것이라고 판단하였다. 또한 사서로서 좋은 책을 소개하는 과정을 통해서는 읽기와 쓰기에 관심을 가지는 좋은 기회가 될 것으로 생각하였다.

② 교수학습방법에 대한 지식

문학적 접근법은 유아 언어 교수법 중 하나로 문학작품을 활용하여 유아의 의사소통능력 향상을 지원하는 교수법이다. 문학적 접근법에서 가장 강조하는 교육목표는 즐거운 문학 경험을 통하여 읽기와 쓰기를 즐길 줄 아는 태도와 습관을 길러주는 것으로, 이는 누리과정에서 제시하는 읽기, 쓰기 목표와 맞닿아 있다. 이에 사서로서 좋은 책을 소개하기 위해 문학작품에 보다 관심을 가지고 읽어 보는 경험은 진달래반 유아들의 읽기, 쓰기 능력 향상을 지원하는 효과적인 방안이라 사료되었다.

③ 학습자에 대한 지식(흥미)

최근 간식 당번을 시작하며 유아들은 이전에 교사가 하던 일을 스스로 하는 것에 대한 자부심을 가지고 있었다. 이러한 유아의 흥미를 바탕으로 교사는 그동안 사서 어머니들께서 해주시던 역할을 유아들이 할 경우, 보다 책임감을 가지고 즐겁게 교육활동에 참여할 것이라고 판단하였다.

### 다. 교육과정 실행

① 이야기나누기: 사서의 역할

먼저 유아들은 그림책 대여 프로그램에 참여했던 것을 회상하며 사서로서 그림책 반납과 대출을 도와주는 방법에 대해 이야기 나누었다. 이 과정에서 교사는 유아가 보이는 반응(문장을 구성하여 이야기하기보다 단어로 이야기하는 유아들이 더 많음)을 고려하여 말하기와 관련하여 새로운 목표(말하기 - 문장으로 말하기)를 세우게 되었다.

▲ 그림책 반납 및 대출방법에 대해 시범을 보이는 교사

| 시간/활동명 | 활동 목표 | 활동 내용 | 준비물 및 유의점 | 평 가 | |
|---|---|---|---|---|---|
| | | | | 교사의 일과 운영 | 유아의 학습 |
| 10:30<br>탐구 · 조사 '사서가 하는 일 ①' | [의 1-2-1]<br>• 사서가 하는 일에 대해 알아본다.<br><br>[사 1-2-2]<br>• 하고 싶은 일을 계획한다. | ◎ 탐구 · 조사 '사서가 하는 일 ①'<br>• 자리정돈 및 주의집중: 초성보고 글자 완성하기<br>• 활동 소개하기<br>- 진달래반 어린이들이 유치원 도서실의 사서를 해 보기로 함<br>- 도서실의 사서를 하기 위해서는 사서가 하는 일에 대해 알아보는 것이 필요함<br>• 사서가 하는 일에 대해 이야기나누기<br>① 도서실에 있는 책 정리하기<br>② 반납 및 대출 도와주기<br>③ 좋은 책 소개하기 등<br>• 모둠 나누기<br>• 사후 활동 계획하기 | • 화이트보드, 사진자료 | [의 2-2-1]<br>• 사서로서 다른 학급 유아들의 그림책 대여를 도울 때, 유아들이 문장을 구성하여 이야기하는 점에 중점을 두고 지도하고자 함. 내일 그림책 대여 전, 유아들에게 그림책 대여 시, 사서 어머니들께서 하시는 말에 귀 기울여 들을 수 있도록 안내하고자 함. 이를 통해 역할에 알맞은 말하기 태도에 대해 생각해 볼 수 있도록 할 것임 | [의 2-2-1]<br>• 유아들은 그동안 그림책 대여 프로그램에 참여하며, 자신들이 알고 있는 그림책 대여의 과정을 설명함 |

[의 2-2-1]
- 몇몇의 유아들은 (○○, ◇◇, △△) 문장을 구성하여 (예: 책을 사서 엄마한테 드린 다음 보고 싶은 그림책을 빌리러 가요) 이야기하였으나, 대부분의 유아들은 단어(예: 카드, 컴퓨터) 또는 불완전한 문장(예: 찍기, 인사)으로 이야기함.

② 사서의 역할 – 그림책 대여 도와주기

진달래반 유아들은 모둠을 나누어 그림책 대여를 도와줄 학급을 선정하고, 역할을 나누어 연습하였다. 드디어 연습이 끝나고 한 주 동안 진달래반 유아들은 이화유치원 도서실의 사서가 되었다. 유아들은 사서로서 적당한 크기의 목소리로 존댓말을 사용하고 문장을 구성하여 이야기하려고 노력하였다.

반납이 다 되었습니다.
그림책 빌리러 가세요.

반납한 책은 저희에게 주시면
정리하겠습니다.

또한 진달래반 유아들은 대출카드를 찾는 과정, 필요한 책을 찾아주는 과정을 통해서 친숙한 글자를 찾아 읽어 보는 경험을 가질 수 있었다.

이름이 뭐예요?

잠시만 기다려주세요.

③ 사서의 역할 – 책 소개하기

진달래반 유아들이 해 보기로 한 사서의 역할 중 두 번째는 좋은 책을 소개하는 것이다. 어린이들은 도서실에 게시된 작가 소개 게시물을 함께 살펴보며, 사서로서 좋은 그림책을 소개하기 위해 필요한 내용에 대해 협의하였다.

유아들이 재미있게 봤던 책인 『수수께끼 대저택』 동화를 소개하기로 결정하고, 이상의 협의된 내용을 바탕으로 작가와 작가가 쓴 그림책의 특징, 동화의 재미있었던 장면을 소개하기로 결정하였다.

> 유아 1: 작가가 쓴 다른 그림책도 소개하면 좋겠어요. 우리가 새로 책을 사면 『수수께끼 대저택』 책이 1권이 더 생기니까 둘 중에 1권은 책 소개하는 곳에 같이 둬요.
> 유아 2: 연두색 게시판(진달래반 어린이들이 책 소개 게시물을 부착할 장소)은 사실 동생들이 더 자주 왔다갔다하는 곳이니까 동생들이 좋아하는 걸 붙이면 좋을 것 같아요. 그러니깐… 『수수께끼 대저택』에 나오는 숨은 그림 찾기 같은 거요. 직접 해 볼 수 있도록!
> 유아 3: 나는 그 책에서 미로가 재미 있었어요. 좀 어렵지만 동생들도 미로 찾기를 해 보면 이 책을 더 좋아하게 되지 않을까요?

교사는 유아의 의견을 존중하는 동시에 관련 교육목표를 지속적으로 점검하며 유아들의 활동을 지원하였다. 작가, 작가가 쓴 그림책의 특징을 소개하는 자료를 만들 때에는 교사와 함께 인터넷에서 검색한 내용을 바탕으로 필요한 내용을 선정하고, 선정한 내용을 재구성하여 글로 작성하였다. 재미있었던 장면을 소개하는 자료를 만들 때에는 각 장면과 더불어 이를 활용하는 방법에 대해 안내하는 내용을 자료로 만들었다.

이 과정을 통해 진달래반 유아들은 읽어 주는 글의 내용에 관심을 갖고 읽기에 흥미를 가지며, 자신의 생각을 글로 나타내는 경험을 통해 쓰기에 관심을 가질 수 있었다.

그 내용은 꼭 들어가야 할 것 같아요.

'연못에 비친 모습을 보렴.'
'거꾸로 보면 다른 것들이 있어!'
라고 말하면 어떨까요?

또한, 자료를 만들고 게시하기 위해 의견을 주고받으며 유아들의 듣기, 말하기 능력도 함께 증진될 수 있었다.

『수수께끼 대저택』 책을
제일 앞으로 옮기면 어때?
우리가 제일 소개하고 싶은 책이잖아.

이 정도에 붙이면
동생들이 잘 볼 수 있겠지?

다음은 진달래반 유아들이 사서로서 소개하는 책에 대한 게시물이다.

마이클 갈랜드 씨는 1952년 미국 뉴욕에서 태어났습니다.
미술, 광고, 잡지, 일러스트 등 다양한 종류의 공부를 하신 분입니다.
특히 뛰어난 일러스트(내용을 보충하여 설명하거나 이해를 돕기 위해 책이나 신문 등에 넣는 그림) 실력으로 두 번이나 상을 받으셨습니다.

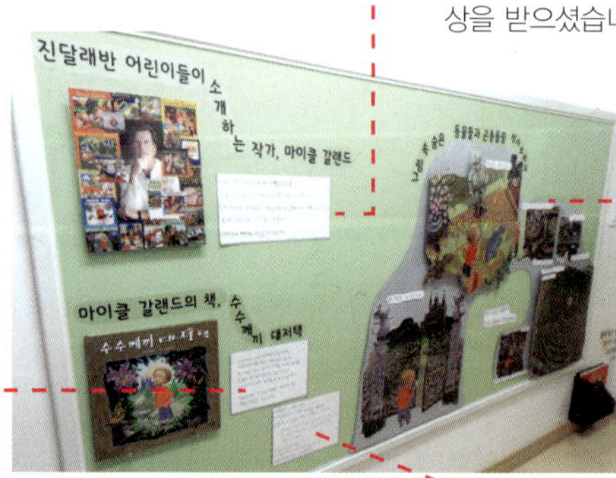

『수수께끼 대저택』 책의 주인공 토미는
이모의 초대를 받아 이모의 집에 갑니다.
하지만, 이모는 토미가 모험을 떠나는 것처럼 즐겁게
찾아오도록 집안 곳곳에 수수께끼가 담긴 쪽지를 숨겨 놓았습니다.
이모의 편지를 따라 책을 읽으며 수수께끼 대저택을 구경해 보세요!
또 책 속에 숨겨진 400개가 넘는 동물, 곤충도 찾아보세요!

마이클 갈랜드 씨의 작품은
주인공들이 모험을 떠나는 것처럼
읽는 사람들도 모험을 떠나는 기분이
들도록 합니다.

## 5. 마무리

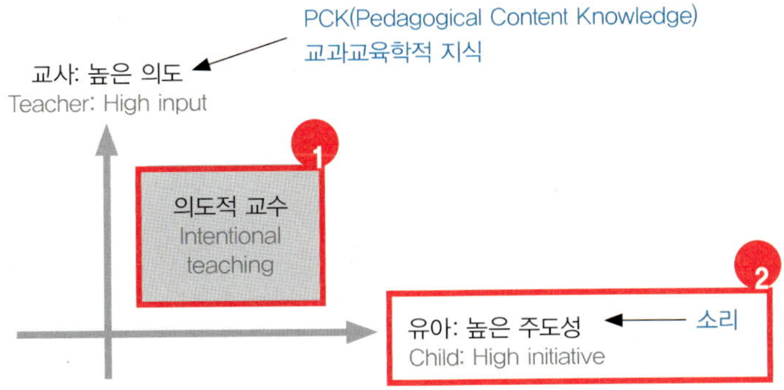


1 이상으로 유아의 소리에 귀 기울여 교육과정을 운영한 사례를 살펴보았다. 사례와 같이 교육과정 구성 및 운영 시 교사의 교육적 의도와 유아의 주도성이 함께 증가할 때 의도적 교수가 이루어지며 이는 유아의 효과적인 학습에도 긍정적인 영향을 미친다. 다음(아이콘)은 앞서 살펴본 사례에서 한 유아의 쓰기 결과물을 수집한 것이다. 교사는 유아의 활동결과물을 통해 유아의 쓰기 능력이 향상하였음을 관찰할 수 있었다.

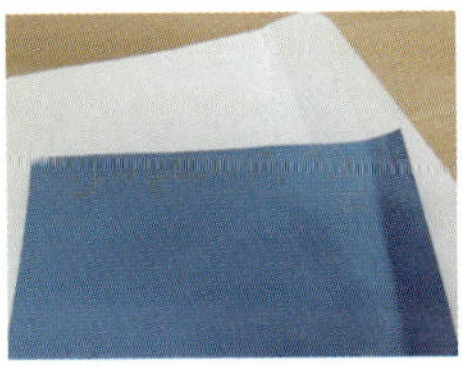

2 **유아기 핵심역량**: 교육과정 구성 및 운영의 주체로 유아를 인정하고 존중함에 따라 유아의 소리는 점차 커졌다. 유아는 언제든지 자신의 목소리를 낼 수 있다는 자신감을 가지게 되었으며 놀이 및 학습 전반에 대한 몰입시간이 길어졌다. 또한, 사용하는 공간 및 자료가 기존에 비해 다양해지고, 그 활용 역시 자유로워졌다. 이러한 유아의 소리는 점차 놀이 시간뿐만 아니라 기관 생활 전반으로 확대되었다. 특히 규칙에 대해 수동적으로 받아들이기보다 스스로 사고하며 분별력을 갖춰 나가는 모습을 보였다.

결론적으로 유아는 자신이 직면한 여러 가지 상황에 대해 자율적으로 사고하고 주도적으로 문제를 해결해 나가며, 생애학습에 필요한 ①자기관리 역량, ② 지식정보 처리 역량, ③ 창의적 사고 역량, ④ 심미적 감성 역량, ⑤ 의사소통 역량, ⑥ 공동체 역량을 갖추며 성장하고 있다.

국가수준
교육과정
바로 알기

# Ⅵ. 누리과정 내실화를 위해 역량 있는 교사되기

## 1. 인식: 변화의 필요성 깨닫기

### 1. 문제 인식

누리과정 내실화를 위해 교사가 먼저 할 수 있는 것은 기존의 교육과정을 점검하여 수정 혹은 보완이 필요한 부분을 발견하는 일이다. 이를 통해 다음의 두 가지 문제 인식을 가지게 되었다.

- 국가수준의 교육과정에 대한 이해를 바탕으로 교사의 교육과정을 계획·실행·평가하는가?
- 교육과정의 계획·실행·평가과정에서 아동중심교육이 이루어지고 있는가?

기존교육과정을 점검하면서 교사 개인으로서는 국가수준의 교육과정인 누리과정에 대한 이해가 부족함을 파악하였다. 기관 및 교사수준의 교육과정은 국가수준의 교육과정을 토대로 이루어지므로, 누리과정의 목적과 목표, 내용에 대한 충분한 이해가 선행되어야 교사의 교육과정이 내실 있게 시행될 수 있다. 한편 연간교육계획안 상에 계획된 교육과정 운영을 위하여 때로는 아동중심보다는 교사주도적인 교육과정을 운영하고 있음을 인식하게 되었고 유아들이 능동적으로 교육과정에 참여하도록 지원하기 위한 방안을 모색하게 되었다.

## 2. 실행

### 가. 외부적 지원

#### ① 내부연수하기

내부연수를 통해 교사들은 학습자인 유아를 중심에 두고 국가수준의 교육과정을 바탕으로 유아교육의 목적과 목표, 교육의 방향성과 내용에 대해 재고하는 시간을 가졌다. 이를 통해 교육과정 재구성자의 역할, 직접적 교수자로서의 역할, 환경구성자로서의 역할, 유아학습 기록자로서의 역할 등 교육과정에서 교사의 역할에 대해 상기하게 되었다.

**내부연수의 내용(2015학년 2학기 – 2016학년 1학기)**

- 국가수준의 교육과정에 대한 이해
- 아동중심교육 및 유아의 소리 듣기에 대한 고찰
- 발현적 교육과정에 대한 이해(학습 가능한 teachable moment 찾기)
- 유아들의 학습과정 평가와 결과 기록하기(평가방법, 사진으로 드러나는 유아의 학습, 포트폴리오 구성 등)
- 영역별 전문가 초청강의 듣기(ICT, 기록, 미술, 포트폴리오 구성 등)

#### ② 외부연수에 참여하기

외부연수에 참여하는 것은 다양한 사례를 간접적으로 경험하는 기회가 되며, 교육의 시대적 흐름을 알고 교육전문가로서의 역량을 기르는 데 도움이 된다. 이에 교사들은 내부연수와 병행하여 다양한 주제의 외부연수에 참여하고자 하였다. 아래는 교육과정과 관련하여 수강한 외부연수의 사례이다. 이를 통해 교사는 교육과정에 대한 새로운 지식을 형성하거나 아이디어를 얻기도 하고, 교사로서의 마음가짐을 다지는 기회를 가졌다.

**외부연수 참여 내용**

- 유아교육진흥원) 유아교육개발프로그램 보급 및 활용
- 아이코리아) 음악은 왜 유아를 사로잡는가?
- OMEP) 세계시민교육–세대와 세계 연결하기
- 대한어린이교육협회) 유·초 연계 바로 알기

### ③ 관련 도서 참고하기

교육과정을 계획·실행·평가하면서 유아교육 및 관련 분야의 도서를 참고하는 것은 교사에게 큰 도움이 된다. 변화의 필요성을 깨달아가는 이 시기에 관련 도서를 참고함으로써 교사는 관련 분야의 기초지식을 형성하고, 유아교육에 필요한 교사의 관심사를 확장 및 심화할 수 있다. 또한 다양한 사례를 접함으로써 아이디어를 얻을 수 있다.

유아교육 전공 도서가 아니더라도 교사가 과학, 미술 등 폭넓게 관심을 가지면, 새로운 방식으로 유아들의 흥미를 지원하고 교육과정에 대한 유아의 참여를 격려하기에 용이하다. 또한, 유아들을 위한 환경구성에 대해 고민하는 경우에도 인테리어, 건축 관련 도서를 참고하면 보다 새로운 아이디어를 얻을 수 있다.

▲ 유아학습 평가에 참고하기 위해 수집한 도서를 가까이 비치하고 수시로 확인하기

학급 환경구성에 참고하기 위해 실내장식 및 환경구성 관련 도서 참고하기 ▼

### ④ '나'의 개인적 성향 파악하기

교사로서의 자신을 파악하는 것이 중요한 이유는 교사 개인의 성향이나 특성이 유아에게 직접적으로 영향을 줄 뿐만 아니라, 동료교사와의 관계, 업무처리능력 및 교사의 회복탄력성 등에도 영향을 미치기 때문이다. 교사들은 MBTI나 체크리스트 등을 활용하여 자신이 업무중심적 사람인지 관계중심적 사람인지, 교사로서 자신 있는 부분과 자신 없는 부분이 무엇인지 등을 파악하는 시간을 가졌다. 이후에는 교사들이 모여 한 명씩 돌아가면서 질문을 제시하고 자신을 성향에 따라 나누어보면서 동료교사와 서로에 대한 이해를 높이는 시간을 가졌다.

신학기 준비 전 자신의 성향을 파악하기 위해 체크리스트를 작성해 보는 교사들

자신의 성향에 대해 소개하고 동료교사와 비교해 보기

**'나'와 동료교사를 이해하는 데 도움이 되었던 몇 가지 질문**

- ✔ 나는 관계 중심적인 사람인가/일 중심적인 사람인가?
- ✔ 나는 계획을 세운 후 실행하는 사람인가/실행하면서 수정하는 사람인가?
- ✔ 나는 말로 표현하는 것이 편한가/글로 표현하는 것이 편한가?
- ✔ 나는 스트레스를 받으면 혼자 시간을 보내는가/다른 사람과 함께 스트레스를 없애는가?
- ✔ 나는 화가 나면 그 자리에서 표현하는 사람인가/자리를 피하는 사람인가?

## 나. 교사의 개인적/협력적 실천

### ① 교육계획안 바꾸어 보기(III. 유아의 소리에 귀 기울이기 내용 참고)

교육계획안을 작성할 때 전년도의 교육계획안을 참고하게 되는 경우가 많다. 하지만 전년도와 대상 유아가 달라지고 교사의 교육의도가 달라진다면, 같은 교육활동을 진행하더라도 교육목표가 다르게 설정될 수 있다.

교육계획안을 작성할 때 올해 설정한 교육활동의 목표에 적합한 교사의 발문이나 수정된 교육자료를 첨가하여 작성하게 되면 교육의 효과를 높일 수 있다. 또한, 교사 역시 교육활동을 준비함에 있어서 교육목표에 대해 더 고민하고 계획하게 되는 긍정적인 효과를 얻을 수 있다.

### ② 학급 내 규칙 한 가지 허물어 보기

학급 내에는 공동체의 질서와 안정을 위한 규칙이 존재한다. 처음에는 유아들의 안전을 위해 함께 만든 규칙이 시간이 지나면서 교사의 편의를 위한 규칙이 되기도 한다.

유아들이 더욱 자유로운 분위기에서 놀이에 몰입하고, 자발적인 학습이 이루어지도록 지원하기 위하여 교사들은 각 학급의 규칙 중 한 가지를 허물어 보기로 하였다. 규칙을 허물 때에는 반별로 교사의 판단하에 그 규칙이 없더라도 유아들의 안전에 큰 문제가 되지 않으며, 유아들의 자발적이고 적극적인 놀이를 지원할 수 있다고 생각하는 것으로 정하였다.

#### 쌓기놀이 영역의 사례

A 교사가 담임으로 있는 학급의 쌓기놀이 영역에는 세 가지 규칙이 있었다.

- 블록이 무너지면 옆 친구가 다칠 수 있으므로 어깨 높이 이상으로 쌓지 않기
- 다른 영역의 놀이를 방해하지 않도록 블록을 다른 영역까지 확장하지 않기
- 자유선택활동시간이 지나면 작은 레고를 제외한 큰 블록들은 모두 정리하기

그런데…

교사는 자주 블록을 높이 쌓으려는 유아들에게 안내를 해야 했고,
유아들의 블록놀이는 주로 카펫 위에서만 이루어졌다.

A 교사가 유아들과 허문 쌓기놀이 영역의 규칙 :

- 블록을 높이 쌓고 싶을 때는 안전한 방법으로 쌓는 것 가능
- 다른 친구들의 놀이를 방해하지 않는다면, 블록을 넓게 확장하는 것도 가능
- 다음 시간에 이어서 놀이하기 위해 혹은 다른 친구와 함께 감상하기 위해 자유선택활동 시간이 끝난 후 만든 구성물을 남겨 놓는 것 가능

### 단기적으로 일어난 일

"선생님! OO가 블록을 너무 높이 쌓았어요!
저거 무너지면 옆에 내가 만든 것도 부서질까 봐 걱정돼요."

"야, 카펫 밖으로 넘지 마.
불편하단 말이야."

"선생님 OO이가 쌓은 블록 무너질 때
저 손가락 다쳤어요."

"야, 왜 너 놀이한 거 정리 안 해?
그럼 나도 정리 안 할거야."

교사는 놀이의 제약을 허물면, 유아들이 이를 반기고 놀이에 더 몰입할 거라고 예상했다. 하지만 교사의 예상과 달리 기뻐하며 금방 적응하여 신나게 놀이하는 유아가 있는 반면, 이를 불편하게 여기는 유아들이 있어 갈등이 발생하였다.
교사는 한 번 정해진 규칙을 허무는 것의 어려움을 느꼈고, 학급 내에 존재하는 규칙이 유아들의 놀이에 미치는 영향에 대해 생각해 보게 되었다.

### 중기적으로 일어난 일

좀 더 시간이 흐른 후 이제 교사는 유아들이 적응하였기 때문에 다양한 구성물을 만들 것이라고 예상했다. 하지만 이후로도 오랫동안 유아들은 블록을 길게 늘어뜨리거나 위로 높이 쌓는 단순한 반복에서 즐거움을 느끼고 있었다. 교사의 변화에 시간이 필요한 것처럼 유아들에게도 시간이 필요하다는 것을 깨닫게 되었다.

## 장기적으로 일어난 일

유아들은 점차 다양한 양상으로 블록놀이를 즐겼다.
유아들이 활용하는 공간은 이전에 비해 넓고 자유로워졌으며,
교실 전체를 자신들의 공간이라고 느끼는 등 공간에 대한 소유권을 키워가고 있었다.
또한 사용공간이 넓어지면서 여러 종류의 블록을 통합하여 사용하기 시작하였다.

학급 내 규칙 허물어 보기를 통해 교사는
너무 많은 규칙은 때로 유아의 자유롭고 활발한 놀이에 제약이 될 수 있음을 깨달았다.
또한, 교육과정 운영에 있어 교사가 가질 수 있는 고정관념에 대해 재고하게 되었다.

## 3. 평가

### 가. 교육과정 개선을 위한 변화의 필요성에 대한 공감

기존의 교육과정 점검을 통해 누리과정 내실화를 위해서는 첫째, 국가수준 교육과정에 대한 교사의 이해를 높이고 둘째, 유아들의 적극적인 참여를 더욱 지원해야 함을 느끼게 되었다. 이에 따른 실행의 과정에서 교사는 교육과정의 계획 · 실행 · 평가 과정에 교사와 유아 모두에게 변화가 필요하고, 변화에는 시간이 필요함을 느끼게 되었다.

### 나. 교사 개인에 대한 이해 증대

'유아에게 가장 훌륭한 교재는 교사'라는 말처럼 유아교육에서 교사는 큰 영향력을 가지고 있다. 그러므로 교사가 자기 자신을 정확하게 이해하고, 자아효능감을 갖는 것은 교육에서 중요한 일이다. 교사가 스스로를 이해하고 있다면, 자신의 강점을 살리고, 부족한 점은 동료 및 선배교사의 도움을 받거나 연수 등을 통해 개선하고자 노력할 수 있다. 1차 실행의 과정을 통해 교사 스스로 개인에 대한 이해를 높임으로써 이후의 개인적 실천과 동료교사와의 협력적 실천이 이루어질 수 있게 되었다.

### 다. 교육과정 변화를 위한 구체적인 방법과 방향에 대한 고민

이 단계에서 교사는 교육과정에서 변화가 필요함을 인식하였으나, 무엇을 어떤 방식으로 변화시키면 좋을지에 대한 구체적인 고민이 더 커질 수밖에 없었다. 또한, 교사의 예상과 달리 수정한 환경구성, 교수방법 등이 때로는 유아들에게 매력적으로 다가가지 못하는 등 시행착오도 있었다. 교사는 계획한 교육과정의 내용과 다른 방향으로 유아들의 흥미가 흘러갈 때에 어떻게 반응하고 다음 교육을 계획해야 하는지 등에 대해서도 고민하게 되었다.

# 2. 실천: 관점을 전환하여 변화하기

## 1. 문제 인식

• 교육과정에서 무엇을 어떻게 변화할 것인가?

앞의 '인식' 단계에서 교사는 교육과정 운영에서 변화의 필요성을 인식하였으나, 실제적인 방법과 방향에 대해서 구체적인 아이디어가 부족했기 때문에 혼란과 어려움을 느끼게 되었다. '실천: 관점을 전환하여 변화하기'는 이러한 평가를 바탕으로 이루어졌다.

## 2. 실행

1차 실행에서 내부연수, 외부연수, 관련 도서 참고 등 외부적 지원이 중점적으로 이루어졌다면 2차 실행에서는 외부적 지원보다는 교사의 개인적/협력적 실천의 비중이 증가하였다. 외부적 지원의 경우, 외부연수나 관련 도서 참고와 더불어 학급 간 사례 공유하기가 중점적으로 이루어졌다. 교사의 개인적/협력적 실천은 크게 교육계획안 작성 및 평가방식에 변화주기, 환경구성 및 교재교구에 변화주기, 유아의 주도성 지원을 위한 변화주기로 나누어 볼 수 있다.

교육계획안 작성 및 평가방식의 변화는 Chapter Ⅱ에, 교육과정에서 유아의 주도성 지원하기와 교사의 교육과정 운영 사례는 Chapter Ⅲ에 자세하게 나와 있으므로, 본 장에서는 환경구성과 교재교구 측면에 중점을 두어 설명하고자 한다.

### 가. 외부적 지원

#### ① 학급사례 공유하기

학급 간 사례를 서로 소개하고 공유하는 경험을 통해 교사들은 자신의 학급에 적용 가능한 아이디어를 얻을 수 있다. 또한, 교육과정 운영에서 겪는 여러 가지 시행착오나 고민을 나누면서 위안을 얻기도 하고 동료교사의 조언을 통해 해답을 얻을 수 있다. 교사 간 서로 학급의 사례를 공유한 예는 아래와 같다.

### 학급사례 공유의 내용(2016학년 1-2학기)

- 각 연령별 신학기 교실 내 흥미영역 구성 평가·점검
- 학급별 흥미영역 구성에 따른 유아들의 놀이와 학습 내용 공유
- 2016학년도 1학기 교육과정 평가 및 2학기 계획 수립
- 각 학급별 환경구성에 대한 논의

### 환경구성에서 학급사례를 공유했던 방식

① 각 학급에 원장, 원감 및 교사가 모여 환경구성을 참관하고 담임교사는 환경구성의 의도와 유아들의 놀이에 대해 소개

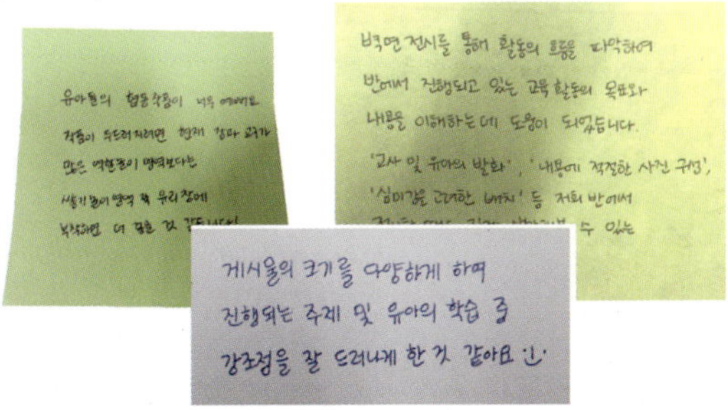


② 교사들은 학급을 참관하고 본받을 점, 개선 및 보완점을 간단히 적어 담임교사에게 전달

● 만 5세 진달래반

- 벽면 크기에 비해 게시물들의 크기가 작은 편임. 글자 크기가 작고 많은데 공유 대상을 명확하게 하여 게시물의 크기, 사진이나 글씨의 크기, 붙어있는 장소 등을 정하면 더욱 효과적이겠음
- 유아들이 현재 흥미를 가지고 하는 놀이에 대한 설명을 잘 들었음. 그런데 놀이에 관심이 없거나 적극적으로 참여하지 않았던 유아들에게도 놀이의 방법이나 규칙에 대해 잘 공유되고 있는지 궁금함. 규칙이 쉽지는 않아 처음 시도하려는 유아들이 이미 하고 있는 유아들과 잘 어울릴 수 있을지의 여부가 궁금함. 서로 공유하는 시간 또는 게시물이 있으면 활성화에 더욱 도움이 되겠음
- 유아들이 쓴 글자에 오타가 있는 경우, 교사가 바른 철자로 다시 알려주어 유아들의 쓰기교육이 이루어지도록 하면 좋겠음

③ 공유를 마친 후 원감 및 주임교사가 반별로 피드백

게시물의 크기가 작다는 평가를 반영하여 유아들의 만든 이야기의 내용을 크게 부착하는 것으로 수정

④ 원감 및 동료교사의 조언을 반영하여 보완이 필요한 부분을 수정·보완

## 나. 교사의 개인적/협력적 실천

### ① 교재교구를 유연하게 사용하기

정형화된 교재교구를 사용하는 것은 교사의 수고를 줄일 수 있으나, 유아들이 매번 비슷한 형식으로 놀이하고 학습하게 될 수 있다는 위험성을 가지고 있다. 정형화되지 않은 놀잇감을 이용할 때 유아들은 더 다양하게 놀이하고 깊이 몰입할 수 있다. 교사가 환경을

구성하거나 교재를 제시할 때에도 정형화되지 않은 방식과 자료를 사용하면 유아들은 놀이 및 생활 속에서 열린 방식으로 사고하는 방법을 배울 수 있다. 교재교구를 유연하게 사용하기 위해 교사가 사용하는 방법은 아래와 같다.

- 교재교구 및 소품구입처를 다양화하기
- 교재교구를 정리할 때 자료의 성격대로 구분하기
- 교구를 제시할 때 교육활동에 대한 계획을 먼저 세우고, 그에 적합한 자료를 찾기

### 교재교구를 유연하게 사용하기 위한 Tip

- 교재교구나 교실 환경에 사용되는 소품 등을 살 때에 기존의 정형화된 완제품이 아니라도 교육의 자료가 될 수 있음을 알기

유아들에게 교육하기 위한 자료의 구입처는 꼭 유아용 교재교구 전문점이 아닐 수 있다. 꽃시장, 지하상가 및 생활용품점에서 산 소품 또는 생활에서 나오는 폐품들도 때로는 유아들이 열린 방식으로 놀이하고 사고할 수 있도록 지원할 수 있다.

쌓기놀이 영역에 제시되는 빈 종이화분

가전제품 구매 후 생긴 큰 택배상자로 만든 집

• 교구를 생활주제나 흥미영역만으로 구분하지 않고, 자료의 성격과 원재료 그대로 정리하기

역할놀이 교구의 경우, 'OO 가게놀이' 등으로 세분화하지 않고 자료의 성격(ex: 음식, 식기, 의상 등)으로 구별하여 보관하면 영역을 구성할 때 더 다양한 자료를 사용하는 것이 가능하다.

원재료를 특성별로 구분하여 정리해두면 환경을 구성할 때 교실분위기 및 해당 흥미영역에 적합한 재료를 선정하여 자유롭게 사용할 수 있다.

미술도구 및 재료를 정돈할 때에는 도구유형별로 정돈하고(왼쪽사진), 유아들에게 도구를 제시할 때에도 생활주제만 고려할 것이 아니라 유아의 소근육발달, 교사가 지도하고 싶은 미술기법, 의도하는 작품에 적합한지를 고려(위쪽 사진)하는 것이 바람직하다.

② 연령별 교재교구의 연계성 및 수준 검토하기

누리과정을 충실히 반영하기 위한 교실 환경구성 시 교사에게 필요한 반성적 사고는 다음과 같다.

**교재교구에 대한 교사의 반성적 사고**

- 생활주제에만 초점을 두어 환경을 구성하고 교재교구를 준비하지는 않았는가?
- 연령의 특성에 적합한 교재교구를 제공하는가?
- 연령별로 흥미영역에 제시하는 교재교구의 연계성이 있는가?

쌓기놀이 영역은 모든 연령에서 유아들의 흥미가 높아 참여가 활발한 영역이다. 다양한 수·과학적 개념을 형성하고 시험해 볼 수 있는 영역임과 동시에 조립블록의 사용을 통해 유아들의 소근육 발달을 지원할 수 있다. 또한 다른 흥미영역과의 연계 및 확장이 자연스럽게 일어나며, 유아들은 또래와 구성물을 만들고 놀이하는 과정에서 사회기술을 연습해 나간다. 이에 교사는 반성적 사고에 따라 유아들에게 제시하는 쌓기놀이 영역에서 교사가 제공하는 블록의 종류를 점검하였다.

**쌓기놀이 영역 블록의 연령 간/연령 내 연계의 예시**

| | 사용 시기: 연중지속 (연령간 교차시용) | 사용 시기: 1학기 → 2학기 → 3학기 | | | | | |
|---|---|---|---|---|---|---|---|
| 3세 |  자석벽돌블록 |  보드리블록 |  우레탄블록 |  집짓기블록 |  자석블록 |  벌집블록 | |
| | | 1학기 → 3학기 | | | | | |
| 4세 |  코코블록<br>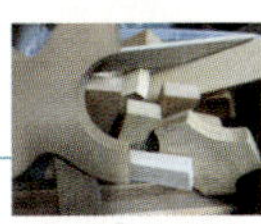 종이벽돌블록 |  와플블록 |  기찻길블록 |  렉스블록(中) |  맥포머스블록 | 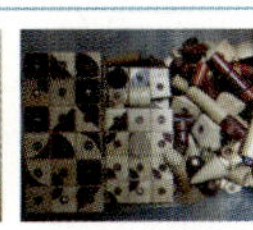 원목자석블록 |  틴탑블록 |
| | | 1학기 → 3학기 | | | | | |
| 5세 |  레고 |  건축물 블록 |  원목구슬굴리기 블록 |  큐브로블록 |  주브블록 |  빙빙블록(小) |  버그토이(小) |
| | | 1학기 → 3학기 | | | | | |

다른 영역 역시 제시되는 교구의 종류에 대한 점검 및 연령별 회의를 거쳤다. 다음은 미술영역에서 사용하는 붓의 종류에 대한 연령별 회의 결과이다. 여기서 제시한 것은 반드시 따라야 하는 원칙이 아니라 유아의 발달과 연령별 연계성을 고려하기 위한 참고에 목적이 있다. 이후 교육과정을 실행하면서 유아들의 흥미와 발달에 따라 다른 연령과의 협의를 거쳐 융통적으로 이루어졌다.

**미술영역 붓의 종류에 대한 연령 간/연령 내 연계의 예시**

| | 3세 | | 4세 | | 5세 | |
|---|---|---|---|---|---|---|
| 붓류 | 핸드페인팅 장갑 |  | 핑거브러쉬(붓) |  | |  |
| | 손잡이 길이가 짧은 붓 |  | 핑거브러쉬(스탬프) | 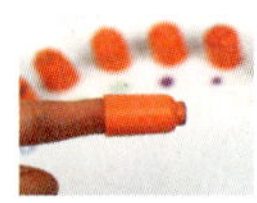 | | |
| | 손잡이가 굵어 잡기 편한 붓 |  | 다양한 굵기의 붓 |  | 다양한 굵기의 붓 (세필붓 추가) |  |
| | 페인트붓 |  | 페인트붓 | 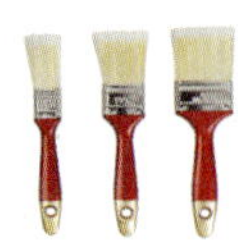 | | |
| | 고무끝개붓 |  | 고무끝개붓 |  | |  |
| | 스펀지붓 |  | | | | |

### ③ 환경구성에서 다양한 요소 고려하기

잘 형성된 환경은 유아들로 하여금 편안함과 심미감을 느끼며, 호기심을 가지고 놀이에 몰입하게 하고, 스스로 탐구하고자 하는 태도를 지원한다. 따라서 교사가 환경을 구성할 때에는 유아들의 발달의 적합성, 생활주제의 적절성뿐만 아니라 다음의 요소들을 고려할 수 있다.

- 환경구성 시 고려할 수 있는 요소들

| 높낮이의 변화

| 질감

| 심미감

색감 |

| 가구배치

| 강조점(초점)

: 색에 초점을 두고 환경을 구성한 교사는 미술 영역의 필기구를 종류별이 아닌 색깔별로 구분하고, 쌓기놀이 영역의 소품 역시 색깔로 구분하여 제공함

| 분위기

| 자연

| 소품

### ④ 공유공간을 학습의 장소로 활용하기

교실뿐만 아니라 유아들이 등원하며 항상 이용하는 현관, 복도, 강당 앞 대기공간, 마당 등 유치원의 모든 실내·외 환경은 유아에게 놀이와 탐구의 장소가 될 수 있다. 특히 교실공간이 크지 않은 경우에는 공유공간을 활용하려는 교사의 노력이 더욱 필요하다.

상상놀이를 실컷 하고 싶다는 유아들의 요구에 의해 구성된 공유공간

만 4세 유아들의 그림(복도에 게시) 안에 만 3세반 유아들이 곤충인형을 숨기기 시작하면서 형, 동생이 함께하는 숨은 곤충 찾기 게임 공간이 된 곤충통통숲

팽이에 대한 흥미에서 시작해 유치원의 모든 굴릴 수 있는 물건들을 가지고 형과 동생이 모이는 만남의 장소가 된 팽이경기장

## 3. 평가

### 가. 반성적 사고를 통한 사례지식 형성

아동중심의 교육과정을 계획하는 것은 연차가 많은 교사라고 해서 잘할 수 있는 일은 아니다. 교육원리를 바탕으로 다양한 적용을 통해 사례지식을 많이 형성한 교사는, 교육환경에서 일어나는 다양한 변수에 융통적으로 대처하면서 양질의 교육을 할 수 있게 된다. 유아들이 놀이 속에서 시행착오를 거쳐 학습하는 것과 마찬가지로 교사 역시 교육과정에서 시행착오를 거쳤을 때 문제 원인을 파악하고 다른 방법을 연구하면서 교육하는 방법에 대해 학습할 필요가 있다.

유아에게서 발현되는 흥미를 관찰해 보면, 종종 교사의 의도나 예측과 전혀 다른 방향으로 흘러가기도 한다. 또는 유아의 흥미를 반영하였다는 판단하에 준비한 교육활동에 유아들이 전혀 관심을 보이지 않기도 한다. 앞서 기술한 실행과정에서도 교사가 공들여 구성한 환경에 유아들이 큰 관심을 보이지 않거나 교사의 교육의도가 제대로 전달되지 않는 시행착오를 많이 거쳤다. 그럴 때에는 내가 겪고 있는 딜레마나 고민에 대해 원인이 무엇일지, 해결방안은 무엇일지 반성적으로 사고하며, 어려울 때는 동료교사와의 논의 및 원장, 원감의 조언을 통해 방안을 모색해 보았다. 또는 공유된 다른 학급의 사례를 통해 힌트를 얻기도 하면서 다양한 방안을 실행해 보면서 문제를 해결하고 사례지식을 형성할 수 있었다.

### 나. 교육과정에서의 선택에 대한 내적 갈등

교사는 유아들과 일과를 보내다 보면 끊임없이 선택의 상황에 놓인다. 놀이시간을 더 원하는 유아들의 요구에 일과계획을 수정해서라도 현재의 놀이를 더 확장할 수 있도록 해줄 것인지, 여러 유아가 관심을 보이지만 교육적으로 의미를 찾기 어려운 놀이에 대해 어떻게 대처할 것인지 등 여러 상황이 있을 수 있다. 이때 교사는 내적으로 갈등하게 된다.

아동중심의 교육과정을 실현한다는 것은 유아의 흥미나 요구를 모두 반영한다는 의미가 아니다. 교실 내 구성원이자, 유아들의 보호자, 교육가인 교사는 자신의 교육철학과 방침에 따라 단호하게 유아들의 요구를 거절할 수도 있고, 교사 스스로가 다루기 부담스

러운 주제의 경우 흥미를 갖는 유아들이 있더라도 심화하지 않고 적절한 수준에서 반응할 수도 있다. 이러한 선택의 기로에서 유아들에게도 교육적으로 적합하고, 교사 스스로도 교육하는 즐거움을 느낄 수 있는 교육과정을 운영하기 위한 내적 갈등은 의미 있는 일이다.

### 다. 유아의 학습을 기록으로 남겨 공유할 수 있는 방안에 대한 의문

이 단계에서 교사는 교육과정을 운영하면서 유아들의 놀이에 대한 몰입, 놀이에서 일어나는 학습을 생생히 관찰할 수 있었다. 그런데 이러한 과정은 기록으로 남기지 않으면 교사 혼자만 목격하고 끝나게 된다. 때문에 교사는 유아들의 학습을 기록으로 남겨 공유할 수 있는 방안에 대해 의문을 가지게 되었다.

## 3. 지속: 결과를 공유하며 변화 지속하기

### 1. 문제 인식

• 유아의 학습을 어떻게 기록하고 공유할 것인가?

2차 실행의 평가를 바탕으로 교사는 유아의 학습을 어떻게 기록하고 공유할 것인지에 대한 문제를 인식하게 되었다. 학습을 기록하고 결과를 공유하고자 하는 이유는 다음과 같다.

- 교사 스스로 유아들의 학습을 기록하면서 다음의 교육에 대한 정당성과 동기 부여
- 학습자인 유아들이 자신들의 학습과정과 결과에 스스로 관심을 가지고 확인
- 유아의 보호자가 자녀의 학습에 관심을 기울이고 함께 교육할 수 있는 기회 제공
- 기록을 공유함으로써 교사들 간 교육과정의 발전을 위한 아이디어를 모으고 전문성 신장

## 2. 실행

### 가. 외부적 지원

3차 실행에서도 1, 2차 실행과 마찬가지로 외부적 지원이 지속적으로 이어졌다. 회의형태의 내부연수가 있었고 학급 간 사례공유도 지속되었다. 또한, 3차 실행에 이르러서는 유치원 대외적으로 공유가 이루어지기 시작하였다.

### 나. 교사의 개인적/협력적 실천

#### ① 유아의 학습 성취 기록하기

유아를 교육하기 위해서는 유아의 발달과 학습에서의 성취에 대한 평가가 있어야 한다. 그리고 학습 성취를 평가하기 위해서는 기록을 남기는 것이 중요하다. 다음은 일과 중 놀이 및 활동을 통해 관찰되는 유아들의 학습 성취를 기록한 사례이다.

**만 3세 학급에서의 학습 성취 기록하기**

① 학기 초 유아들의 기본생활습관을 관찰하고 평가하여 교육계획안에 기록으로 남김

[사 4-3-2]
간식 먹기 힘들어 하는 유아: ●●, ◆◆, ■■, ▲▲
-◆◆, ■■, ▲▲: 우유만 먹어 봄
-●●, ◇◇: 꿀떡을 먹다가 너무 많다고 하며 뱉어냄
-△△: 매우 천천히 먹음
-○○: 우유 대신 물을 마심(우유를 마시기 싫다고 이야기함)
-◆◆: 간식이 싫다고 이야기하고 간식 준비를 하지 않음

| | | | | | |
|---|---|---|---|---|---|
| 9:40~<br>(11:40~)<br>동화 및 이야기 나누기 '간식 먹는 방법' | [사 4-3-2]<br>• 유치원에서 간식 먹는 방법을 안다. | ◎ 동화 및 이야기나누기 '간식 먹는 방법'<br>• 자리정돈 및 주의집중: '하나하고 하나하면' (손유희)<br>• 간식 먹는 방법에 대해 동화로 들려주기<br>① 화장실에서 손 씻기<br>② 의자에 앉기<br>③ 간식접시, 포크, 컵 가져가기<br>④ 간식과 우유를 선생님이 덜어주심<br>- 간식이 없을 때는 손을 들기<br>⑤ 기도하기<br>⑥ 간식 먹기<br>- 먹을 수 있는 양만 덜기<br>- 한 입에 많이 넣지 않기<br>- 의자에 바르게 앉기<br>⑦ 다 먹은 후 접시, 포크, 컵 정리하기<br>⑧ 책 읽기, 그림 맞추기 놀이하기 | 손인형, 동화 자료 (간식접시, 포크, 컵, 간식 모형) | [사 4-3-2]<br>• 처음 간식을 먹어보는 날임. 간식을 먹기 힘들어하는 유아들에게 억지로 권하기보다는 간식 먹는 방법에 대해 익힐 수 있도록 접시, 포크, 컵을 가져가고 정리하는 것만이라도 경험해 보도록 함. | [사 4-3-2]<br>• 대체적으로 간식 먹는 방법에 대해 이해하고 있으나, 간식 책상에 앉았을 때 교사가 한 번 더 개별적으로 지도가 필요하였음. 개별적으로 지도했을 때 모두 스스로 간식 준비를 하고 정리까지 잘 할 수 있었음. |

② 화장실 이용하기, 손 씻기, 간식 먹기, 자리 정돈하기, 신발 신기 등을 대·소집단 및 개별로 교육

| 학급명 | **병아리반 (만 3세)** | | 날짜 | 2017년 3월 30일 목요일 | 수업일수 | 16/182일 |
|---|---|---|---|---|---|---|
| 누리과정 영역 및 내용 | [신] 신체운동·건강<br>[사] 사회관계<br>[예] 예술경험 | 4 건강하게 생활하기<br>1 나를 알고 존중하기<br>2 예술적 표현하기 | 4 질병 예방하기<br>2 나의 일 스스로 하기<br>3 미술 활동으로 표현하기 | 목표 | 질병에 걸리지 않도록 주의하는 방법에 관심을 갖는다.<br>스스로 신발을 신을 수 있음을 알고 바르게 신어본다.<br>그림을 그리는 데 필요한 종이를 선택하여 사용한다. | |
| 생활주제 | 즐거운 유치원 | | | 주제 | 유치원에서의 즐거운 생활<br>유치원에서의 안전한 생활 | |
| 일일 시간표 | 9:00 ~ 등원 및 실내 자유선택활동<br>(9:10 ~/9:25 ~/9:40 ~) 이야기나누기 '신발 바르게 신기'(소, 3집단, 마당)<br>9:55 ~ 정리정돈 및 화장실 다녀오기<br>10:05 ~ 간식 '잼 바른 빵1/2, 우유'<br>10:30 ~ 실외 자유선택활동<br>11:25 ~ 정리정돈 및 화장실 다녀오기<br>11:35 ~ 이야기나누기 '감염예방교육'<br>11:50 ~ 귀가지도 | | | | | |

| 시간/활동명 | 활동 목표 | 활 동 내 용 | 준비물 및 유의점 | 평가: 교사의 일과 운영 | 평가: 유아의 학습 |
|---|---|---|---|---|---|
| (9:10~/9:25~/9:40)<br>이야기 나누기 | [사 1-2-1]<br>· 스스로 신발을 신을 수 있음을 알고 바르게 신어본다. | ◎ 이야기나누기 '신발 바르게 신기'(소, 3집단, 마당)<br>• 자리정돈 및 주의집중: 손유희하기<br>• 활동소개하기<br>• 신발을 들고 실외 출입문 앞 의자에 앉기<br>• 신발 종류에 따라 신발 신는 방법 알아보기<br>① 찍찍이, 지퍼, 끈이 없는 신발: 신발에 발을 넣고, 뒤꿈치에 손가락을 넣어 발이 신발 안으로 완전히 들어가게 한다.<br>② 찍찍이가 붙어있는 신발: 찍찍이를 떼고 신발을 신은 후 신발에 발을 넣는다.<br>③ 지퍼가 있는 신발: 한손으로 신발을 잡고 다른 한 손으로 지퍼를 내렸다 올린다.<br>④ 끈이 있는 신발: 신발을 바르게 신은 후 끈을 묶는다. 끈을 묶는 것이 어려운 경우 교사에게 도움을 요청한다.<br>• 자기 신발 신어보기<br>• 교사가 '할 수 있죠' 노래 불러주기<br>• 신발을 벗어서 가지런히 모아 손에 들어보기<br>• 개인장에 신발을 바르게 넣고, 실내화 신기 | • 여러 가지 종류의 신발<br> | | |

③ 유아들의 변화를 관찰하고 사진기록 및 평가기록

| 8. 혼자서 옷을 입는다. | ✔ __ | |
|---|---|---|
| 9. 혼자서 양말을 신는다. | ✔ __ | |
| 10. 혼자서 신발을 신는다. | ✔ __ | |
| 11. 소변을 볼 때 혼자서 옷을 입고 벗는다. | ✔ __ | |
| 12. 소변을 본 후 뒷처리를 혼자 한다. | ✔ __ | |

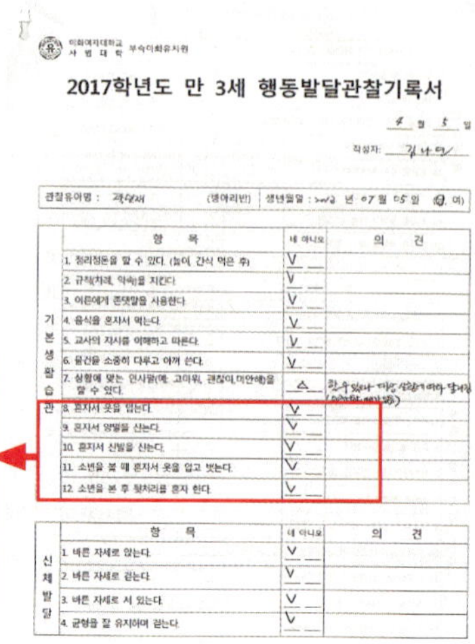

이화여자대학교 사범대학 부속이화유치원

2017학년도 만 3세 행동발달관찰기록서

관찰유아명 : (병아리반) 생년월일 : 년 07 월 05 일

| | 항 목 | 네 아니오 | 의 견 |
|---|---|---|---|
| 기본생활습관 | 1. 정리정돈을 할 수 있다. (놀이, 간식 먹은 후) | V __ | |
| | 2. 규칙(차례, 약속)을 지킨다. | V __ | |
| | 3. 어른에게 존댓말을 사용한다. | V __ | |
| | 4. 음식을 혼자서 먹는다. | V __ | |
| | 5. 교사의 지시를 이해하고 따른다. | V __ | |
| | 6. 물건을 소중히 다루고 아껴 쓴다. | V __ | |
| | 7. 상황에 맞는 인사말(예: 고마워, 괜찮아, 미안해)을 할 수 있다. | △ | |
| | 8. 혼자서 옷을 입는다. | V __ | |
| | 9. 혼자서 양말을 신는다. | V __ | |
| | 10. 혼자서 신발을 신는다. | V __ | |
| | 11. 소변을 볼 때 혼자서 옷을 입고 벗는다. | V __ | |
| | 12. 소변을 본 후 뒷처리를 혼자 한다. | V __ | |

| | 항 목 | 네 아니오 | 의 견 |
|---|---|---|---|
| 신체발달 | 1. 바른 자세로 앉는다. | V __ | |
| | 2. 바른 자세로 걷는다. | V __ | |
| | 3. 바른 자세로 서 있는다. | V __ | |
| | 4. 균형을 잘 유지하며 걷는다. | V __ | |

④ 유아들도 공유할 수 있도록 벽면에 게시

## 3. 평가

### 가. 교육의 객관성 확보

**교육과정에 기초한 유아 학습 결과 확인표** 무궁화반 김○○

▶ [신] 신체운동 · 건강 영역

| 내용 및 평가문항 (생활주제) | | | 1학기 | | | | |
|---|---|---|---|---|---|---|---|
| | | | 즐거운 유치원 | 나 | 봄 | 가족과 동네 | 여름 |
| 내 용 | 세부 내용 | 평가기준(평가 요소) | 유아의 학습 정도 | | | | |
| 1-1 감각능력 기르고 활용하기 | 1 감각으로 대상이나 사물의 특성과 차이를 구분한다. | 감각으로 대상이나 사물을 구분한다.(감각을 통한 식별력, 자발성) | 1 3/11 | 1 | 1 | 1 | 1 |
| | | | 일안 | | | | |
| 1-2 신체를 인식하고 움직이기 | 1 신체 각 부분의 특성을 이해하고 활용하여 움직인다. | 신체의 명칭과 기능을 알고 활용하여 움직인다.(신체 명칭과 기능에 대한 이해력, 자발성) | 1 3/15 | 1 | 1 4/28 | 2 6/8 | 2 |
| | | | 일안 | | 일화 기록 | 일안 | |
| | 2 자신의 신체를 긍정적으로 인식하고 움직인다. | 자신의 신체적 특성이나 다른 사람과의 신체적 능력 차이를 긍정적으로 이해한다.(신체자아상, 신체 능력의 다양성에 대한 이해력) | 1 3/24 | 1 | 1 | 2 6/8 | 2 6/30 |
| 3-1 자발적으로 신체 활동에 참여하기 | 3 자신과 다른 사람의 운동능력의 차이를 이해한다. | | 일안 | | | 일안 | 일화 기록 |

유아들의 학습을 관찰하고, 관찰한 내용을 기록으로 남기고 평가하는 과정을 통해 교육의 객관성을 확보할 수 있었다.

### 나. 동료교사와의 협력

교육과정에 변화를 주고, 교사 스스로의 역량을 기르기 위하여 노력하다 보면 많은 고민을 하게 되고 때로는 좌절감을 느끼기도 한다. 그럴 때 교사들은 자신의 역량에 대한 의심을 가지기도 하지만, 누구에게나 변화한다는 것은 쉽지 않은 일이다. 3차까지의 실행을 거치면서 교사들은 교육과정에서 고민되거나 어려운 일은 혼자서만 생각하기보다는 동료교사와 서로 묻고 협력하는 태도를 형성하게 되었다. 때로는 한 발짝 떨어져 바라보는 사람이 더 본질에 가까이 갈 수 있으며 여럿이서 참여하는 브레인스토밍의 과정이 때로는 명쾌한 해답을 주기도 한다. 그러므로 함께 교육과정을 만들어 나가는 동료로서 동질감을 가지고 서로 협력하는 태도는 교육과정 운영에서 교사로서 느끼는 어려움의 많은 부분을 위로 받고 해결방안을 모색하는 힘이 된다.

### 다. 유아의 변화와 성장을 관찰하며 얻는 교육의 즐거움

사람들은 대부분 변화보다는 안정을 선호한다. 교사 역시 마찬가지이다. 고민하지 않으면 금방 익숙한 방법으로 교육활동을 계획하고, 유아들을 대하고, 환경을 구성할 것이다. 그런데 교사를 고민하게 만드는 것이 바로 유아들의 변화와 성장의 모습이었다. 유아들의 학습 성취를 관찰하면서 얻는 보람과 기쁨은 교사가 계속해서 다음 교육방향을 고민하고 더 나은 교육과정을 모색하도록 하는 원동력이 되었다.

## 참고문헌


교육과학기술부 · 보건복지부(2013a). 3-5세 연령별 누리과정.

교육과학기술부 · 보건복지부(2013b). 3-5세 연령별 누리과정 교사용 지침서.

교육과학기술부 · 보건복지부(2013c). 3-5세 연령별 누리과정 해설서.

교육부(2015a). 유치원 교육과정. 교육부 고시 제 2015-61호.

교육부(2015b). 초 · 중등학교 교육과정. 교육부 고시 제 2015-74호.

김희진 · 박은혜 · 김현주 · 박혜림 · 김언경(2017). 교육지원자로서의 환경. 서울: 파란마음.

김희진 · 박은혜 · 이지현(2011). 영유아교육기관에서의 관찰. 서울: 창지사.

김희진 · 박은혜 · 최혜윤(2016). 영유아교육기관에서 좋은 사진 찍기. 서울: 파란마음.

박은혜(2017). 유아교사론(5판). 서울:창지사.

서울특별시교육청(2015). 서울형 유치원 교육과정.

육아정책연구소(2014). 3세 누리과정 유아관찰척도.

육아정책연구소(2014). 4세 누리과정 유아관찰척도.

육아정책연구소(2014). 5세 누리과정 유아관찰척도.

이화여자대학교 이화어린이연구원(2016). 교사라면 꼭 알아야 하는 쌓기놀이의 모든 것. 서울: 파란마음.

한국교육개발원(2016). OECD '교육 2030: 미래 교육과 역량'을 위한 현황분석과 향후과제.

홍후조(2016). 알기 쉬운 교육과정(2판). 서울: 학지사.

Miller, E., & Almon, J. (2009). *Crisis in the Kindergarten: Why Children Need to Play in School*. Alliance for Childhood (NJ3a).

Shulman, L. S. (1986). Those who understand: Knowledge growth in teaching. *Educational researcher*, (2), 4-14.

Sydney, S. S., & Sherry, M. C. (2013). 발현적 유아교육과정과 표준의 연계: 교육 내용과 교수실제 강화하기(박은혜 · 신은수 · 김희진 · 이지현 공역). 서울: 학지사. (원서 2010 출판)

## 집 필 진

| 기획 · 연구 | |
|---|---|
| 박은혜 | 이화여자대학교 유아교육과 교수<br>이화여자대학교 사범대학 부속이화유치원 원장 |
| 임예지 | 이화여자대학교 사범대학 부속이화유치원 원감 |
| 김은수 | 이화여자대학교 사범대학 부속이화유치원 교사 |

**개 발**

현) 이화여자대학교 사범대학 부속이화유치원 교사

김나연 김은수 민시연 박보람
소민선 양소헌 원하은 윤수현
이솔아 이진영 한소희 홍서연

전) 이화여자대학교 사범대학 부속이화유치원 교사

경다현 신경화 정은화

| 집 필 | |
|---|---|
| 박은혜 | 이화여자대학교 유아교육과 교수<br>이화여자대학교 사범대학 부속이화유치원 원장 |
| 김은수 | 이화여자대학교 사범대학 부속이화유치원 교사 |
| 박보람 | 이화여자대학교 사범대학 부속이화유치원 교사 |
| 홍서연 | 이화여자대학교 사범대학 부속이화유치원 교사 |

어린이교육의 기본 바로 알기 시리즈 8

# 국가수준 교육과정 바로 알기

초판 1쇄 인쇄 2017년 8월 21일
초판 1쇄 발행 2017년 8월 24일

지 은 이 | 이화여자대학교 사범대학 부속이화유치원
펴 낸 이 | 김기섭
편 집 인 | 강보영
펴 낸 곳 | 창지사 www.changjisa.com
08589 서울시 금천구 가산디지털 1로 83 파트너스타워 1차 9층
전화 (02)719-2211~3
팩스 (02)701-9386
등 록 | 1977년 4월 28일 · 제1-421호



ISBN 978-89-426-0972-7 (93370)

값 8,000원

이 도서의 국립중앙도서관 출판예정도서목록(CIP)은 서지정보유통지원시스템 홈페이지(http://seoji.nl.go.kr)와 국가자료공동목록시스템(http://www.nl.go.kr/kolisnet)에서 이용하실 수 있습니다.(CIP제어번호: CIP2017020836)